AF372172

Lom
PALABRA DE LA LENGUA
YÁMANA QUE SIGNIFICA
Sol

Illanes Oliva, María Angélica
Nuestra historia violeta: Feminismo social y vidas de
mujeres en el siglo XX: una revolución permanente [texto
impreso] / María Angélica Illanes Olliva.– 1ª ed. – Santiago:
LOM ediciones; 2012. 168 p.: 16x21 cm. (Colección Historia).
ISBN: 978-956-00-0368-3
1. Feminismo - Historia 2. Mujeres – Derechos Civiles -
Historia I. Título. II. Serie.
Dewey: 305.42.– cdd 21
Cutter: I29n

Fuente: Agencia Catalográfica Chilena

© **LOM** EDICIONES
Primera edición, 2012
ISBN: 978-956-00-0368-3
RPI: 219.965

Motivo de portada: Catalina Marchant V.

DISEÑO, EDICIÓN Y COMPOSICIÓN
LOM ediciones. Concha y Toro 23, Santiago
TELÉFONO: (56-2) 688 52 73 | FAX: (56-2) 696 63 88
lom@lom.cl | www.lom.cl

Tipografía: *Karmina*

IMPRESO EN LOS TALLERES DE LOM
Miguel de Atero 2888, Quinta Normal

MARÍA ANGÉLICA ILLANES O.

Nuestra historia violeta

Feminismo social y vidas de mujeres en el siglo XX:
una revolución permanente

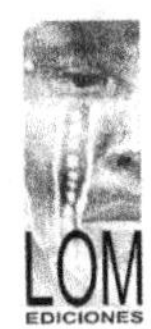

LOM EDICIONES

Agradezco a todas las mujeres que, generosamente, han querido compartir y revelar sus vidas para la narración de esta/nuestra historia viva; sin su testimonio, estas páginas no habrían podido ser escritas. Agradezco también a mi hija Dafne, por su permanente ayuda, apoyo e inspiración. Dedico este texto a mi hija Julieta, maestra ceramista en el caribeño Haití donde se encuentra y con la que me he mantenido comunicada desde este sur del mundo por un fuerte rayo de amor y luz.

*Jardinera/ locera/ costurera/ Bailarina del agua transparente/ Árbol
lleno de pájaros cantores/ Violeta Parra.*

*Has recorrido toda la comarca/ Desenterrando cántaros de greda/ Y
liberando pájaros cautivos/Entre las ramas.// (...)*

*Cuando se trata de bailar la cueca/ De tu guitarra no se libra nadie/
Hasta los muertos salen a bailar/ Cueca valseada.//*

*Poesía/ pintura/ agricultura/ Todo lo haces a las mil maravillas/ Sin
el menor esfuerzo/ Como quien se bebe una copa de vino.//*

*Pero los secretarios no te quieren
Y te cierran la puerta de tu casa/ Y te declaran la guerra a muerte /
Viola doliente.//*

*Porque tú no te vistes de payaso/ Porque tú no te compras ni te
vendes/ Porque hablas la lengua de la tierra/ Viola chilensis.*

Nicanor Parra

Piensen que la semilla solo fructifica en la obscuridad de la tierra.
Ya vendrá el día en que el fruto madure a la luz.

Iris

No lo olvidemos: la mujer no es solamente la mitad de la humanidad; es
más de la mitad por el rol que desempeña en la primera educación del
niño. Desarrolladla y encontraréis en ella la mejor aliada para el triunfo
de las ideas que nos son aguerridas.

Melania Janssens

La Filomenita no alcanzó a conocer a su padre, el Fide, quien murió de borrachera sobre la vía férrea. Ella era el fruto póstumo de los amores de su padre con la Eufrasia, esforzada mujer que cada mañana se instalaba con su cocinilla freidora borboteando aceite caliente en la puerta de su habitación del conventillo...[1]

Cabe extrañarse ante la ausencia de mujeres en la narración histórica. Curiosa ausencia, considerando que no ocurre así en la narración literaria ni en la representación artística o monumental, donde el protagonismo de mujeres del pueblo, de diosas, vírgenes, damas y de mujeres de todos los rostros y condición, ha sido tema central e imprescindible al momento de representar y ritualizar la vida, la naturaleza, el amor, la belleza y la (pro)creación. No queda sino pensar que la narración histórica ha fundado sus raíces en otro campo, alejado de estas temáticas y ritos de la vida; específicamente, en el campo de Marte. A la guerra han acudido principalmente hombres, y la narración histórica, desde Heródoto, ha hecho del guerrero su *leit motiv*, confundiéndose dicha narración con este, su macho heroico, dios orgulloso de su fuerza, de su cuerpo y de su muerte, "soldado desconocido" incluso, pero narrado.

---

[1]   Cf. Alberto Romero, *La viuda del conventillo*, Santiago, Quimantú, 1971. La novela fue publicada en 1930.

No es extraño, entonces, que las mujeres, con el fin de ser notadas en su protagonismo y para inaugurar su representación narrativa y entrar a la escena histórica, hayan debido hacerse guerreras, tomando armas de combate cual soldadas; pero lo hicieron solo en el momento en que históricamente aprendieron a usar armas que estaban al servicio de la vida –su interés primordial– y no de la muerte. Esa arma moderna, la *prensa*, las mujeres, especialmente las obreras chilenas, también quisieron saber usarla, como los varones obreros, y lo hicieron hace ya un siglo. Aun así, permanecieron bastante ocultas a la narración historiográfica, más preocupada de los "hechos guerreros" que de las "ideas aguerridas", hasta la gran batalla de las historiadoras feministas de los 60, 70 y 80, que salieron a combatir a la calle y, simultáneamente, comenzaron a dar los primeros grandes pasos para abrir el camino a las mujeres en la narración histórica y otras narrativas próximas.[2] Aquí no pretendo más que sumarme a ellas con apenas un pequeño grano de arena. Mi interés es, como el suyo, dar cuenta de esta batalla histórica pero, al mismo tiempo, busco adentrarme en sus vidas cotidianas y propias, intentando sacar a luz algunos trazos de este tremendo desafío que es la creación y el cuidado de la vida, tarea que las mujeres saben hacer con maestría.

En este texto me ha tocado la responsabilidad de historiar un tiempo pleno de protagonismo de mujeres dado en la esfera pública, tema que he combinado con biografías de mujeres que han vivido, en el plazo de tres generaciones, profundos cambios en su modo de vivir y de pensar. En torno a las demandas y reivindicaciones de las mujeres, se ha transformado la legislación y hasta el propio rostro del Estado, así como las propias relaciones de género en el seno de la vida cotidiana, a menudo tensando las tradiciones ancestrales. Es difícil dar cuenta de este complejo y profundo proceso de transformación sociocultural que hace del siglo XX una plataforma de lucha y cambio acelerado, en el marco de una estructura social, familiar, institucional y cultural aún bastante tradicionalista. Con este objeto y sin pretender dar cuenta a cabalidad de esta compleja temática, hemos hecho una opción narrativa que podríamos denominar de "arpillería" y "tejido a crochet", entrelazando temáticamente, en una secuencia cronológica que alterna el pasado y el presente, las temáticas más relevantes de la historia colectiva de las mujeres chilenas del siglo XX, combinándola con historias de vida de mujeres anónimas, cuyas biografías son reveladoras de los cambios experimentados y de los problemas que aún subsisten en sus vidas en el seno de la sociedad y la cultura chilenas. Todo esto, sobre el trasfondo de la vida y

---

[2] Habría que mencionar a Julieta Kirkwod, Irma Arriagada, Edda Gaviola, Ximena Jiles, Lorella Lopresti, Claudia Rojas, M. Eugenia Brito, Diana Veneros, Margarita Iglesias, M. Eugenia Horwitz, Gabriel Salazar, Luis Vitale, Sonia Montecinos, Susana Münich, Alejandra Araya, Alejandra Brito, Olga Grau, Lucía Invernizzi, Raquel Olea, Kemy Oyarzún, Teresa Valdés, Loreto Rebolledo, Cecilia Sánchez, Guadalupe Santa Cruz, Nelly Richard... entre tantas y tantas que han hecho de la problemática de la mujer y el género un tiempo nuevo en nuestro país.

poesía de Violeta Parra, de "nuestra Violeta" como una columna vertebral simbólica e histórica que teje y cose esta narración de mujeres del siglo XX como una texto-arpillera hecha de palabras y existencias. Esta narración se inspira en su práctica recolectora de voces desde las raíces ocultas, anónimas y propias y le pide permiso a Violeta para ser acompañada de la poderosa presencia de su canto, como una musa, maga, machi de nuestra historia matria.

Desde una perspectiva general, a lo largo de la historia indagada podemos vislumbrar cómo se va delineando, vista desde el caso chileno, lo que podríamos llamar la "invencible revolución de las mujeres", revolución que, a diferencia de las otras revoluciones sociales, ha resistido en el siglo XX todos los obstáculos, todas las dictaduras e incluso todas las tradiciones, manteniendo viva la llama de su demanda de justicia, equidad, libertad y amor, guerreando pacífica y cotidianamente en todos los frentes: en la calle, en la casa, en la política, en las universidades, en la prensa... Su "revolución permanente" se caracteriza, así, por la multiplicidad y simultaneidad de sus frentes de lucha, encarnando una modalidad de "hacer política o su revolución emancipadora" no solo desde los aparatos culturales y políticos, sino también desde sus relaciones familiares y personales, quedando aún mucho por hacer en todo este camino, especialmente en este último, donde la estructura patriarcal de la sociedad tiene más profundamente afincadas sus raíces y donde las mujeres mismas, a menudo, caen en su juego.

Esta es una historia de mujeres chilenas de carne, hueso y sangre. No es nuestra intención aquí hacer una historia de heroínas para ser ensalzadas en los altares de la patria, volviendo la tortilla al reverso de la secular historia oficial de los hombres. Sin idealizaciones, de las cuales nos hemos curado bastante ya a esta altura del siglo XXI, buscamos la huella, de preferencia, de las mujeres sencillas y de aquellas comprometidas con las más humildes, porque estas mujeres, sin duda, han constituido uno de los eslabones más encadenados de la historia de la sociedad humana y, por lo mismo, su lucha y su emancipación constituyen una de las más grandes revueltas, siempre inacabada... Las huellas de estas mujeres sencillas las buscamos solo a través de textos palpables y reconocibles, desde su propia escritura, principalmente prensa de época, así como desde su oralidad, poniendo ellas mismas su vida, sus problemas y sus sueños sobre la mesa de la historia.

Así, este capítulo esta preñado de textos de mujeres e historias de vida que destilan dolores y luchas: un texto que es y quiere permanecer como un libro abierto, escrito por muchas manos de mujer. Casi una constante de todas estas historias es esa "revolución permanente" de la que hablamos; no obstante, el camino ha sido largo, lento y difícil, llegando actualmente a tocar el nervio de dos nudos críticos: el cuerpo-mujer y las interrelaciones hombre-mujer. Las mujeres ahora estudian, trabajan, generan ingresos, cuentan con una legislación relativamente adecuada, se candidatean a cargos políticos, están en el espacio público... No obstante, el cuerpo-salud de las mujeres no está siendo suficientemente respetado, protegido-cuidado por la sociedad, mientras las relaciones hombre-mujer siguen siendo difíciles, a menudo violentas, infieles, poco claras, poco comprometidas, poco atractivas, poco cooperadoras... y las jóvenes, menos mal, han roto con el conformismo; la permanencia de una relación de pareja se ha vuelto un duro desafío. El protagonismo femenino en la esfera pública ha ido horadando dolorosa pero positivamente los muros de la propia intimidad del orden de los patriarcas. La revuelta de las mujeres está, sin duda, dando vuelta una página central de la historia.

Vale la pena conocer algunos aspectos, rasgos e itinerario de esta revuelta en el siglo XX y la actualidad. Muchísimos elementos y temas han quedado fuera; la "historia total" es un imposible. Escribiremos, repetimos, al modo de un tejido de arpillera, seleccionando colores, texturas, formas, cociendo historias y recogiendo la memoria de la lucha y de los sueños.

Iniciamos, así, nuestra narración con la memoria palpitante de aquellas mujeres obreras chilenas de principios del siglo XX que desearon hacer de la prensa su principal texto-arpillera-arma en pos de la defensa de los derechos sociales y de género. Tomamos en nuestras manos el propio lápiz de la *mujer alborada*, la que esgrimió tempranamente esta "arma" en Chile. Salud a ella.

1. La *mujer alborada*: una expresión de feminismo popular (inicios del siglo XX)

Violeta Parra

El alba de la historia del siglo XX de las mujeres chilenas adquiere un rostro definido: Carmela Jeria,[3] obrera tipógrafa de la *Litografía Gillet* de Valparaíso, bello puerto del Pacífico sur, punto de llegada y salida de mercaderías y de personas en busca de mejor destino y centro importante del movimiento obrero chileno, industrial y portuario durante el siglo XIX y principios del siglo XX. En este lugar de Chile, y tras el amplio horizonte del mar, habían surgido en el siglo XIX las primeras asociaciones de obreras, las que no solo se hicieron, con mucho esfuerzo, un lugar propio en el seno del movimiento de obreros, sino que tuvieron que luchar contra la institución eclesiástica que, desde hacía siglos, consideraba a las mujeres como su rebaño propio.

Carmela fue puesta entre la espada y la pared por los dueños de la empresa litográfica para que optase entre "su negocio" y "el taller". Su "negocio" era nada menos que su iniciativa de crear un periódico, *La Alborada*, dedicado a la "defensa de las clases proletarias" y cuyo primer número apareció en Valparaíso el 10 de septiembre de 1905. Carmela no titubeó: optó por *La Alborada*, costándole la pérdida de su trabajo.

---

[3]   Carmela Jeria era hija de Mauricio Jeria, empleado público que servía en el Cuerpo de Policía como Ayudante del Primer Juzgado del Crimen; miembro del Centro Balmaceda y de la sociedad La Razón Obrera.

Esa tarde de su decisión Carmela caminó taciturna por el puerto, subiendo y bajando cerros con respiración lenta, consolando su mirada en el azul y tomando el aliento fresco de la satisfacción de su opción por la causa colectiva que la inspiraba en pos de la defensa de su clase.

Este hecho de *escritura de prensa-mujer* que surge de la iniciativa de esta mujer tipógrafa marca, sin duda, una *discontinuidad* histórica, una "alborada", que señala la visibilización de un proceso de politización que está ocurriendo en el seno de las mujeres obreras y de aquellas vinculadas en general a la sociabilidad popular femenina en el país, lo que constituye un fenómeno histórico digno de atención e interrogación.

¿Quiénes son estas mujeres obreras que, como la Carmela Jeria y muchas otras de norte a sur están, a principios de siglo XX, liderando y tomando el lápiz de la defensa pública y colectiva de la clase proletaria y, al mismo tiempo, politizando su propio discurso y su práctica? ¿En qué consiste su liderazgo femenino de la clase obrera en general a través del periódico *La Alborada*? ¿Cómo se ven a sí mismas o cómo se definen; cómo las definen los obreros en su propio espacio-texto? ¿Cómo visualizan su relación con la clásica clase obrera masculina? ¿En qué se diferencia su escritura femenina de prensa de los varios periódicos obreros de la época? Preguntas que, sin duda, sobrepasan el espacio de este texto, pero que inspiran nuestra mirada al momento de historiarlas.

Como se sabe, la prensa de artesanos y obreros tenía ya una larga historia en Chile, cuando hacia la década de 1850, los obreros tipógrafos habían hecho suya esta "arma" como expresión pública de su identidad y conciencia y como medio de defensa de la obra creativa y colectiva de su clase. A lo largo de esa segunda mitad de siglo, artesanos y obreros, como dijimos, se asociaron en múltiples sociedades, creando prensa propia que visibilizara su lucha por el reconocimiento de su identidad y su quehacer. Por su parte, la primera visibilización colectiva de mujeres populares se dio, como se sabe, a través de la fundación –siguiendo los pasos de las organizaciones de hombres artesanos y obreros– de sociedades de socorros mutuos, la primera de las cuales se fundó en Valparaíso el 20 de noviembre de 1887, La Sociedad de Obreras N° 1, a la cual pertenecía Carmela. Hacia fines del siglo XIX, la prensa de artesanos y obreros era profusa, en la cual solían aparecer algunos sucesos y discursos de estas mujeres asociadas, visibilizándose esporádica y fragmentariamente su habla y su propio quehacer social.

Al tomar la iniciativa de *La Alborada*, Carmela Jeria, con su multifacética identidad de mujer, de obrera tipógrafa, de societaria y de militante del Partido Demócrata, no solo estaba creando un nuevo periódico de la clase obrera de la época, sino que, simultáneamente, estaba tomando por sí misma/mujer esta "arma" de lucha y creando un espacio para la defensa en general de la clase proletaria, pero, especialmente, de un grupo particular de dicha clase trabajadora, las obreras propiamente tales, definidas por Carmela como "vejadas trabajadoras". Estamos, pues, con *La Alborada*, evidenciando la emergencia de una "vanguardia femenina" que, unida a la vertiente de socialización primera, surge también del proceso de obrerización femenina tipográfica. Es el momento en que estas manos toman por sí mismas "la escritura"/prensa como propia, con sus corresponsales mujeres a lo largo del país, creando así un aparato cultural no solo para escribir ellas, sino también para ser vistas y escritas allí, en su propio espacio-texto, por otros, especialmente por los obreros/hombres. En definitiva, el hecho central de esta discontinuidad en la historia de mujeres es, a nuestro juicio, este suceso de mujer/escritura/prensa, que por lo general era un ámbito muy propio de hombres y considerado por los artesanos y obreros como el arma revolucionaria por excelencia de la modernidad. Con *La Alborada* estamos, pues, en presencia de un acto revolucionario moderno de obreras en Chile. El título y el contenido del periódico sugiere el advenimiento de esta "alborada" de la mujer obrera y asociada-escrita, empuñando el "arma" que se consideraba como la más importante e influyente para el despertar y el desarrollo de las luchas sociales modernas. "Por fin el sexo femenino se ha armado del elemento que más efecto hace en la opinión pública: el periódico", comentaba Ricardo Guerrero en su artículo "La Mujer", escrito por él en dicho periódico. Agregaba que "era honroso dejar constancia que había correspondido en Chile a una obrera, la Srta. Carmela Jeria G., secundar los primeros pasos que da la mujer en este sentido.[4]

Respecto de la orientación y del contenido mismo de *La Alborada*, podemos apreciar, en general, que la preocupación principal es la de incorporarse a la lucha amplia y universal respecto de su clase, la "clase proletaria". No obstante, a pesar de este carácter universal de su mirada, pensamos que esta es una mirada de *Clase-desde-su-género*. ¿Qué queremos decir con esto? Al parecer, no se trata de un mero "cruce" de las categorías *"clase"* y *"género"*, sino de una defensa de la Clase, con mayúscula, desde una *nueva fuerza* que se había de incorporar al campo de batalla: un poder-mujer. "La mujer debe despertar, dice Carmela, al clarín de los grandes movimientos para compartir con sus hermanos las tareas que traerán la felicidad a las generaciones venideras", aspirando a que las mujeres obreras, que yacían en la oscuridad, "lleguen algún día al grado de adelanto del hombre".[5] Esta frase muestra la percepción, en los inicios del discurso femenino obrero y popular chileno, de que la concientización de la mujer tiene como referente positivo al hombre. Esto debe comprenderse en la perspectiva de la categoría "clase", en tanto se ve al obrero en la avanzada de la lucha contra la burguesía, que los y las oprime, explotándolos en su común calidad

---

⁴   *La Alborada*, N° 2, 1° de octubre de 1905. En el número siguiente Guerrero se quejó de que este párrafo hubiera sido censurado por su directora, junto a una frase en que la calificaba como "intelectual". Carmela justificó públicamente dicha censura por cuanto "nos creemos sin dotes para ese título".

⁵   Ibid., N° 1, 10 de septiembre de 1905.

de proletarios. En tanto trabajadoras explotadas, su objetivo era sumar fuerzas a los obreros en lucha en vista de esta Causa Mayor.

Como expresión de este sumarse-a-la-causa, las asociaciones femeninas de la época pasaron a integrar el Congreso Social Obrero, agrupación que, desde fines del siglo XIX, reunía a todas las sociedades de socorros mutuos de artesanos y obreros y que, al momento de *La Alborada*, celebró su cuarto congreso en la ciudad de Chillán y al cual asistieron, representando a sus respectivas sociedades, las líderes féminas militantes y asociadas, formando parte de las comisiones y directivas de dicho evento sociopolítico. Sin embargo, la *mujer alborada* demostró que no se trataba solo de un mero "sumarse" a la Causa de la defensa de la clase, sino de enarbolar su bandera con más fuerza aún, con más consecuencia, con más osadía: supo enrostrar al movimiento obrero porteño su cobardía y temor por su repliegue ante la represión sufrida por el movimiento en pos del abaratamiento de la carne ocurrida en Santiago en octubre de ese año 1905. Es decir, si la causa común era la defensa de la Clase, las mujeres-alboradas demostraron saber criticar el referente obrero masculino cuando este debilita su postura y su imagen, y tomaron una posición propia, de avanzada, autónoma y crítica al respecto.

Carmela Jeria y las mujeres-alborada tenían puesta toda su esperanza emancipatoria en la "educación e instrucción de la clase obrera". De ahí que ella, si bien se alegra de la multiplicación de sociedades de socorros mutuos, lamenta que dichas sociedades se dedicaran casi exclusivamente a cuidar a sus enfermos. Demanda un paso más allá, instándoles a crear escuelas laicas para la instrucción y desarrollo intelectual de la clase obrera, dando la "batalla contra el analfabetismo, el alcoholismo, el juego y otras inclinaciones que hacen figurar a nuestros productores como seres degenerados e inferiores [...] Así, todos los proletarios entonaremos el canto al saber, la verdad y la idea!" [6].

Desde esta preocupación ilustrada y universal por la clase obrera, *La Alborada* quiere mirar especialmente por un segmento de esta: por las "vejadas trabajadoras", defendiéndolas de los "tiranuelos" que no solo las explotan en tanto obreras, que no solo les pagan menor salarios por ser mujeres, sino, principalmente, porque las tratan como "sirvientes". Esta ruptura de *La Alborada* con este rol y rostro de "sirviente", identidad que se le atribuyó a la mujer del pueblo nuestro americano desde la conquista, al ser incorporada al trabajo en haciendas y casas patronales, constituye su principal lucha de género en la hora: ser reconocidas como mujeres "obreras", formar parte de una "clase" moderna, trabajadora; identidad que les permite mirar conjuntamente con los obreros (sus "hermanos") al patrón de taller o al capitalista como su "otro". De este modo, su "mirada a la clase desde el género" significa, primordialmente, el esfuerzo de su emancipación de una relación social y productiva secular, premoderna,

---

[6]   Ibid., N° 10, 1ª quincena de marzo, 1906. Firma Carmela Jeria.

precapitalista, colonial: la "servidumbre". Por eso la *mujer alborada* pretende que las mujeres populares chilenas no solo se sumen al movimiento obrero, sino que se *suban* al carro de la modernidad o de la clase y sus luchas obreras: de aquí que el obrero ha de ser su aliado fundamental ante esta gigantesca tarea fémina de la emancipación histórica revolucionaria de su "ser/sirviente".

En vista de esta alianza, la *mujer alborada* abre las páginas de su escritura/prensa para dar cuenta de todas las luchas obreras y societarias que estaban protagonizando en la hora,[7] así como del quehacer cotidiano de las sociedades de obreros propiamente tales ("¡que no se crea señores hombres que no los tomamos en cuenta!")[8] y, especialmente, abriendo sus páginas para acoger colaboraciones de líderes obreros y otras plumas masculinas que escriben tanto sobre los desafíos de la lucha del momento, como sobre las mujeres propiamente tales, concientes de estar escribiendo en "otra" prensa, en un espacio-texto de rostro femenino. También acoge el muy sabio pensamiento del "hombre cero" que, sin disimular su admiración por la *mujer alborada*, le dice que "hay dos principios, masculino y femenino. El masculino es *fuerza* y el femenino es *poder*. El poder inclina a la fuerza a tal o cual destino".[9]

Pero el hombre-alborada se involucra, asimismo, en sacar a luz los perjuicios que sufría la mujer en relación al hombre ante el Código Civil republicano. Da cuenta de que durante la República se había producido un retroceso en los derechos de la mujer respecto de la ley civil colonial. Esta pérdida de derechos se refería básicamente a su mayoría de edad para casarse y, especialmente, respecto de su protección legal ante una incumplida promesa de matrimonio. Así, mientras la mujer de la Colonia era libre de casarse a los 23 años y menos,[10] en el Código Civil republicano se había establecido dicha libertad solo a los 25 años; y mientras la Colonia reconocía "los esponsales" o la "promesa de matrimonio" otorgados en escritura pública entre personas que podían contraer matrimonio, la República había quitado este reconocimiento legal, lo cual perjudicaba gravemente a la mujer/novia respecto del hombre/novio, quien podía desistirse libremente de la promesa contraída, habiendo incluso "seducido" a la novia.[11] El hombre-alborada, intercediendo por la mujer ante el derecho, plantea que

---

[7]   Una de las luchas importantes del momento estaba centrada en la fundación de la Federación de Sociedades, en cuyo acto fundacional habló Carmela Jeria. El periódico da cuenta de que existen en el país en ese momento 200 sociedades de artesanos/as y obreros/as laicas, de las cuales 150 eran Sociedades de Socorros Mutuos.

[8]   *La Alborada* N° 6, 1ª quincena de diciembre, 1905.

[9]   Ibid., N° 7, 2ª quincena de diciembre, 1905. Carta abierta firmada por "Hombre cero".

[10]   Que la mujer era libre de casarse a los 23 años teniendo padres, a los 22 teniendo solo abuelos, a los 21 teniendo solo parientes y a los 20 siendo sola.

[11]   El art. 98, Título III, Libro I del Código Civil establecía que "la promesa de matrimonio mutuamente aceptada era un hecho privado, que las leyes someten al honor y conciencia del individuo y que *no*

esta legislación había demostrado, en una experiencia de 50 años, sus "amargos frutos en el seno de las familias y en el alma de la sociedad", habiendo la mujer, alucinada con la promesa del matrimonio y creída en la palabra del hombre, quedado indefensa y víctima de esta legislación hecha a la medida del hombre. "La ley perjudica toda estipulación escrita que la mujer tome en resguardo de su honor, de su persona y de sus bienes [...] el hombre novio puede el día que le plazca desistir de su promesa y burlar a su novia, a la familia y a la sociedad de la novia". Por lo cual, el hombre-alborada hace la primera propuesta de reforma de código civil para restablecer el reconocimiento contractual de las relaciones prematrimoniales, proponiendo que la ley estipulase que "la promesa de matrimonio mutuamente aceptada es un hecho que la ley natural y civil respeta" a través de un "contrato de desposorio" hecho por escritura pública con firma de testigos. Su propuesta de reforma agrega que "la sola palabra de la mujer bastará para establecer la existencia de una promesa matrimonial para el objeto de indemnización de perjuicios".[12]

Esta crítica al código civil y su propuesta de reforma nos muestra que el destino social y cultural de la mujer de la época se comprendía en el orden matrimonial; por lo tanto, una promesa incumplida al respecto comprometía el honor y destino de la novia y su familia en la sociedad, especialmente cuando se había llegado a la "prueba de amor". El liberalismo imperante en la ley republicana se expresaba, así, en el campo de las relaciones prematrimoniales, en su desentendimiento de esta colonial "promesa-contrato" como orden legal de carácter público, considerándolo un contrato de carácter privado ante el cual la ley se retira en aras del mutuo compromiso de conciencia, dejando a las mujeres, consideradas como "las injuriadas" por el hombre, en el desamparo legal. "Esto se llama progresar, ir para atrás, andar como el cangrejo",[13] denunciaba este hombre-alborada que abogaba por la protección legal del honor de la joven a principios del siglo XX chileno.

En la lectura de la cultura de la época, la ley republicana, al respecto, liberalizaba de compromisos formales prematrimoniales al hombre y vulneraba a la mujer; no obstante, quizás esto sembraba la semilla para una futura liberación también de la mujer respecto de este *destino matrimonial* que se consideraba como el más y quizás como el único legítimo para ella, lo que necesariamente tendía a debilitarla y victimarla ante un incumplimiento prometido. Pero, obviamente, aún no había llegado la hora de esta trascendental liberación femenina. Como escribía un hombre-alborada,

---

produce obligación alguna ante la ley civil. *No se podrá* alegar esta promesa ni para que se lleve a efecto el matrimonio, ni para demandar indemnización de perjuicios". (subrayado del texto)

[12] Agustín Bravo, "Reformas sociales y legales que deben venir para la mujer en Chile", en *La Alborada*, Nº 7, 2ª quincena de diciembre, 1905.

[13] Ibid.

"parafraseando a un pensador socialista, podríamos decir francamente a la mujer: vuestra emancipación verdadera está en vosotras, debe ser obra de la mujer misma"[14].

Sí, el camino de la emancipación de las mujeres era aún apenas un punto de luz en el horizonte, a menudo apagado con la violencia de un golpe de oscuridad. A través de un profundo texto crítico titulado "La Mujer" un hombre-alborada supo "ver" entonces los distintos rostros y dolorosas marcas inscritas en su cuerpo o su ser:

La he visto en el norte, encorvada sobre el surco, labrando el suelo con ansias y afanes de bestia. / La he visto en el Mediodía celada, reclusa, esclava de los prejuicios sociales, objeto para su dueño de lujo y sensualidad. En el taller se la oprime y se la seduce. En la fábrica se la explota y apenas se le paga. Se aprovecha su miseria para deshonrarla y se la menosprecia después. Engañarla vilmente es para el hombre gran victoria de que se ufana.

Más razonable, más dulce, más sumisa, soporta, en las clases inferiores de la sociedad, toda la pesadumbre de la vida: al padre holgazán, al marido borracho, al hijo díscolo e ingrato. La señorita de nuestra triste burguesía, aguarda resignada al varón que ha de asegurar su porvenir, librándola de la indigencia. La dama de gran mundo reina en una corte de convención, sobre un trono de talco, ajena a todo lo que eleva y ennoblece la existencia, rodeada por una atmósfera malsana de elegante frivolidad.

A todas ellas, exclama, no les había llegado el "mesías" de la emancipación.

Vosotros, hombres de fe, ¿qué habéis hecho sino persuadirla de lo irremediable de su servidumbre, hacerla adorar sus cadenas, nutrir sus almas con las creencias destinadas a eternizar su cautiverio?/ Vosotros, revolucionarios, ocupados en hacer y deshacer constituciones, ¿cómo no habéis pensado que toda libertad será un fantasma mientras viva en esclavitud la mitad del género humano?

¡Y luego las matan! En este país ultra católico y proto-hidalgo, el asesinato de la mujer se va erigiendo ya en costumbre. Tener novio es, para una muchacha del pueblo, peligro mortal. No puede una mujer defender su honor contra las brutales exigencias de un macho imperioso o rechazar las asuidades de un importuno o cansarse de los galanteos de un imbécil sin gravísimo riesgo de muerte. Para los galanes que ahora se estilan, la dama de sus preferencias está obligada a soportarlos o morir. Y a esta especie de crímenes pasionales se les llama homicidios por amor... ¡Por amor! Singular es ese que no procura el bien del objeto amado sino que le destruye y aniquila! [...]

Matar es nuestro lema. Matamos por Dios, matamos por el orden, matamos por cariño. ¡Qué especie de raza es esta nuestra...!".[15]

---

[14]   Ibid., Nicolás Rodríguez, Nº 7, 2ª quincena de diciembre, 1905.

[15]   *La Alborada* Nº 13, 1ª quincena de mayo, 1906. Firma A. Calderón.

Tocando el nervio mismo de la problemática de la mujer en la sociedad chilena, este hombre-alborada sabe ver que, en los distintos estratos sociales, las mujeres estaban sumidas en un "campo de dominación" del cual les era difícil salir, quedando en ello incluso comprometida su propia supervivencia. Calderón supo ver y tocar, a principios de siglo XX, un problema medular que se ha mantenido hasta el siglo XXI: el problema de las mujeres en su *fuente*, su cuerpo o su yo mismo en estado de temor, a menudo atrapado entre la mentira y la fuerza bruta de un macho conquistador/amenazante, potencialmente peligroso y claramente impune.

2. La *mujer palanca*.
La fuerza feminista de la obrera chilena levantando la roca opresora. 1908

Y qué iba a hacer mi mamita
con tanto pollo piando,
el mayorcito estudiando
las ciencias matemáticas;
benhaiga l´ hora maldita,
me digo muy iracunda,
la aguja se desenfunda,
la máquina se zancocha,
la costurera trasnocha
como guitarra fecunda.

Violeta Parra

Con el claro y manifiesto objetivo de luchar por la emancipación de las mujeres y, especialmente, de las obreras, en 1908 un grupo de trabajadoras costureras relevaron, desde Santiago, el esfuerzo periodístico porteño de Carmela Jeria, agobiada por la enfermedad y los problemas familiares. *La Palanca*, "publicación feminista de propaganda emancipadora", órgano de la Asociación de Costureras dirigida por Esther Valdés, fue dada a luz en fecha emblemática: el 1º de mayo de 1908. Su portada está ilustrada con el dibujo de una mujer fuerte que hace palanca con el grueso madero de la "asociación" y la "organización", levantando una gran roca que representa la "ignorancia, el fanatismo y la esclavitud", una roca que al comenzar a elevarse muestra mujeres que, cual animalillos aprisionados en la tierra, salen a la luz rompiendo cadenas.

La Asociación de Costureras de Santiago fue fundada en 1906 y agrupaba tanto a las obreras de talleres de costura, como a trabajadoras costureras a domicilio y modistas, constituyendo uno de los campos laborales femeninos más importantes de la época. La Asociación de Costureras tenía como lema "protección, ahorro y defensa", ampliando la tradicional protección en salud y muerte, a un sistema de subsidio de cesantía y de ahorro personalizado para compra de instrumentos de trabajo. La sociedad contaba, además, con una Oficina de Trabajo que actuaba no solo como bolsa de trabajo de las asociadas ante los talleres y fábricas, sino que hacía de intermediaria entre los dueños y las obreras, pactando verdaderos "contratos de trabajo", con estipulación de salario y tiempo laboral. Esta organización contemplaba, además, la defensa de sus intereses y condiciones laborales, para lo cual se organizaba por secciones de ramos de especialidad (sastres, modistas, confecciones, ropa blanca, sombreros, corsees, corbateras, etc.), dirigida por una comisión que indagaba sobre las condiciones de trabajo en los talleres y sus abusos, informando a la dirección de la Asociación, la cual, a la luz de dichos antecedentes, exigía a los patrones mejoramiento de salario, seguridad e higiene en los talleres y fábricas.[16]

Estamos, pues, en presencia de una moderna asociación de obreras, con clara conciencia de clase y capacidad organizativa en vista tanto de la protección como de la defensa de sus intereses, sabiendo ejercer su poder de negociación con los patrones. Más aún, se trata no solo de mujeres asociadas y con conciencia de clase, sino también politizadas, cuya mejor expresión fue la publicación del periódico *La Palanca*, a través del cual ha quedado estampada para la historia su ideario y lucha, en un momento muy especial de la historia de Chile, habiéndose producido una ola de huelgas obreras que culminaron con la masacre de Santa María de Iquique en diciembre de 1907. Momento especial en la historia del movimiento obrero mundial, cuando en occidente se agitaba el ímpetu revolucionario de las masas y, especialmente para el movimiento mundial de obreras, cuando en el año 1908, un grupo de trabajadoras textiles se tomaron la fábrica Cotton Textil Factory de Nueva York y se declararon en huelga, exigiendo igualdad de salario respecto del de los hombres, jornada de 10 horas, descanso dominical, derecho a lactancia. Como respuesta, el dueño de la fábrica prendió fuego a la misma, ocasionando la muerte de 129 mujeres calcinadas. Hecho de gran impacto en todo el mundo y entre las trabajadoras chilenas y que inspiró la declaración del Día Internacional de la Mujer hasta la actualidad.

¿Cuál era la realidad en Chile de las mujeres obreras a principios de siglo XX? Desde un punto de vista estadístico, en 1908, la *fuerza de trabajo total* en Chile era de 1.255.677, correspondiente al 38,26% de la población total (3.282.000). De esta suma, 899.117 (71,6%) correspondía a fuerza de trabajo masculina y 356.561 (28,4%) correspondía a fuerza de trabajo femenina.[17] En ese año, las cifras revelan que casi un 52% de la población chilena está viviendo en las cinco ciudades más importantes del país, fenómeno que ha tendido a balancear la *población rural y urbana* desde la

---

[16]   "Asociación de Costureras", en *La Palanca*, Nº 1, 1º de mayo, 1908, p. 11.

[17]   Cifras que no han variado mucho en la actualidad ya que según estadísticas de 1995, el porcentaje de la fuerza laboral total corresponde al 38,89% de la población total; la fuerza masculina es del 68,19% y la femenina corresponde al 31,81% de la población activa. Ver Juan Braun, Matías Braun, Ignacio Briones y José Díaz, *Economía chilena, 1810-1995. Estadísticas históricas*, Instituto de Economía, PUC, Santiago, 2000, p. 214.

década de 1880, correspondiente al ciclo del salitre y de los gobiernos liberales, con un fuerte acento puesto en el ideario modernizador urbanístico y de grandes obras de infraestructura vial, con el consiguiente desarrollo del comercio, de las manufacturas y los servicios en general. A partir de estas estadísticas, podemos hilar algo más fino al cotejarlas con las estadísticas de *fuerza de trabajo por rubros productivos*, de manera de poder aproximarnos con mayor verosimilitud histórica a la realidad laboral de las mujeres populares. Si tomamos en cuenta la fuerza de trabajo por sectores productivos, vemos que en 1908 la mayor fuerza laboral se concentra en actividades de *agricultura y pesca* (477.782),[18] en la cual participa, como se sabe, arduamente y por igual la mujer y el hombre campesinos, cifra que perfectamente podríamos dividir por dos (238.891 mujeres); la segunda cantidad de la fuerza laboral se concentra en un ítem que los autores identifican como *"resto"*: 302.539, que generalmente corresponde a actividades de servicios de toda índole, cifra que también podríamos dividir por dos (151.270 mujeres). Con estas dos operaciones, ya llegamos a una cifra de trabajadoras de 390.161, a lo que habría que sumar las cifras de *fuerza de trabajo manufacturera* (252.462 total) y de comercio (88.699 total), donde podríamos calcular la participación de las mujeres en al menos un tercio promedio, lo que nos da una cifra de 112.754; esta, sumada a la anterior de 390.161, nos da una cifra aproximada total de 502.915 trabajadoras campesinas, obreras y en labores de comercio y servicios hacia el año 1908, lo que equivale m/m al *40% de la fuerza laboral total* o de mujeres participando como fuerza de trabajo en los campos y ciudades, cifra que, a nuestro juicio, se aproxima más a la realidad histórica y a la experiencia de las mujeres populares chilenas. Ahora, si a esta suma y porcentaje le restamos el trabajo específico correspondiente a agricultura y pesca (238.891 mujeres), nos da una cantidad de 264.024 mujeres trabajando en las ciudades, es decir, equivalente al 21% de la fuerza laboral del país y a cerca de la mitad de la población de las cinco ciudades principales del país. Esta cifra quizás se aproxima más a la realidad de las mujeres populares en las ciudades, las que a principios de siglo, por lo general, no son "dueñas de casa" propiamente tales, sino trabajadoras y proletarias. Dentro de este 21% estaban sin duda las costureras, rubro que concentraba una importante fuerza laboral femenina en las ciudades en dicha época.

De acuerdo a las investigaciones de Alejandra Brito, un 23,8% de la fuerza laboral femenina estaba dedicada a la *costura* a principios del siglo XX:

---

[18]   La fuerza laboral por sectores productivos los autores la dividen en 7 sectores: agricultura y pesca, minería, manufactura, construcción, comercio, transporte/comunicaciones y "resto". Ibid. Las actividades de minería, construcción, y transporte/comunicaciones las hemos considerado, para efectos de cálculos, como "masculinas", aunque sabemos que no lo eran totalmente, pero lo hemos hecho para neutralizar cifras en los otros rubros considerados para cálculos de fuerza laboral femenina. Cabría valorar y agradecer el trabajo histórico de estos autores en materia de estadísticas, ya que ello, tal como lo plantean explícitamente, permite dar nuevas pistas y encender nuevas luces sobre el desarrollo histórico nacional.

Con el tiempo, el trabajo en los talleres creció, se transformó en un trabajo industrial y las costureras constituyeron un grupo obrero que llegó a ser uno de los más importantes entre las mujeres. En las fábricas no estuvieron ajenas a la explotación laboral que vivieron los obreros chilenos a principios de este siglo. Uno de los principales problemas fue el de las largas jornadas de trabajo. [...] La mala paga (10 centavos por una docena de cuellos en los años 20) y el exceso de horas de trabajo llevaron a que las costureras se organizaran y formaran en 1906 una *Asociación* que luchaba por reivindicaciones como las horas de trabajo, el descanso dominical, la abolición del trabajo nocturno y la obtención de un jornal correspondiente al trabajo realizado. Esto fue sin duda un paso importante, por lo que la contribución del gremio de costureras al movimiento obrero chileno plantea desafíos importantes acerca del papel que las mujeres desempeñaron en los procesos sociales.[19]

¿Cuál era el pensamiento y la visión de la sociedad y su destino que portaba la *mujer palanca*? El primer artículo editorial de *La Palanca*, órgano de la Asociación de Costureras, dedicado a *la mujer* en tanto publicación "feminista", plantea que su gran preocupación al respecto es liberar a la mujer de los *prejuicios* milenarios que la han sometido y que han impedido que ella siga el mismo ritmo del progreso que ha tenido el hombre. Si bien su retraso se relaciona con el "egoísmo del hombre", este rezago en "el camino del progreso" constituye una categoría central y configura un pensamiento que podríamos identificar como un *feminismo evolucionista*. Este rezago secular habría producido en la mujer una percepción de su condición de esclavitud como algo "natural", hecho que debe ser combatido con energía "para conquistar en la sociedad el puesto que por derecho natural nos corresponde": objetivo que se proponen estas "modestas mujeres" a través de esta su escritura/prensa. Sin embargo, aquí se expresa que el objetivo estratégico primero es la emancipación de la *clase*, definida como "los débiles, los humildes, los explotados, los que tienen hambre y sed de libertad y justicia", cuya lucha necesitaba en esta hora histórica y en el mundo entero, de gran fuerza, unidad y energía y, por ende, de la "ayuda de la mujer proletaria".[20]

De este modo, la *mujer palanca*, si bien considera que su "ideal" es la emancipación feminista genuina, este ideal es un objetivo a ser alcanzado en el futuro −y en este sentido, este feminismo tiene una dimensión utópica−; en lo inmediato, la lucha se dirige a desterrar "los males y vicios sociales" a través del "amor por el estudio", así como por la difusión del "espíritu de asociación y solidaridad": todo lo cual constituye los primeros objetivos de su "programa de trabajo". Sembrada esta "semilla", luego vendría la fase del "ataque" para conquistar, "junto con los compañeros", la "libertad

---

[19]   Alejandra Brito, "Del rancho al conventillo. Transformaciones en la identidad popular femenina. Santiago de Chile, 1850-1920", en Lorena Godoy et al., *Disciplina y Desacato. Construcción de identidad en Chile, siglos XIX y XX*, Santiago: SUR, CEDEM, 1995, pp. 52-53.

[20]   "En el palenque", artículo que da inicio al periódico *La Palanca*, Santiago, N° 1, 1° de mayo, 1908, p. 1.

económica, industrial y política".[21] Este programa trabaja, así, con la categoría transversal de "compañeros-compañeras" como unidad de "clase", postergando explícita y estratégicamente sus reivindicaciones de género femenino (no obstante, simultáneamente el periódico deja un importante espacio a artículos de autores internacionales que están en esos momentos saliendo en defensa de las mujeres puestas en relación crítica con los hombres).

Empapadas de la gran energía de lucha que impregna a la clase obrera de inicios de siglo —"¡Luchar es vivir!"—,[22] dirigida en especial a la instrucción y el despertar de la *razón de la clase*, se le da gran importancia a la *prensa obrera* como un aparato cultural decisivo para los objetivos de instrucción, crítica y lucha social, el que la clase obrera debía proteger y apoyar como deber político y social. "Un pueblo sin prensa que defienda sus derechos es un pueblo esclavo y desgraciado, que servirá de despotismo a los tiranos". La prensa obrera era, por un lado, el "sol que alumbra", despejando en el pueblo las tinieblas de la ignorancia y, por otro lado, era "la ametralladora" para lanzar proyectiles contra los "enemigos del pueblo"; metralla que el pueblo estaba obligado a mantener.[23] A esta lucha ilustrada y armada se sumaban las obreras costureras de *La Palanca*, conscientes de constituir, como mujeres-obreras, una fuerza de clase decisiva en esa hora histórica. Hora urgente, cuando en Chile el gobierno de Pedro Montt, no satisfecho con la sangre derramada en Santa María de Iquique, presentaba ante el Congreso Nacional un Proyecto de Ley que penalizaba las huelgas, atentando gravemente contra la libertad civil de los trabajadores.[24]

Inserta, pues, de lleno en las luchas de la "clase", la *mujer palanca* no deja, sin embargo, de lado su preocupación por la mujer, empapando toda su escritura/prensa de lemas y textos que reflexionaban y delineaban los pasos a seguir en pos de su emancipación. Tal como lo habíamos mencionado, la estrategia central apuntaba a su "instrucción y educación". Así lo planteaba María C. Gimeno, autora de un libro titulado *La mujer* (uno de cuyos fragmentos se publicó en *La Palanca*), donde no solo aboga por la "instrucción e ilustración de la mujer", sino que expresa abiertamente una fuerte crítica a las relaciones históricas de género, inculpando claramente a los hombres de "egoístas" por haberles cerrado herméticamente a las mujeres las puertas del "templo de la sabiduría": "Para vosotros el progreso, la luz, la verdad; para ellas el engaño, las tinieblas, la retrogradación".[25]

---

[21]   "Nuestro programa", ibid., p. 2.

[22]   Blanca Poblete, de la Asociación de Costureras, "¿Es preciso luchar?", ibid., p. 4.

[23]   E. Gentoso, "La prensa obrera", ibid., p. 5.

[24]   "Las huelgas", *La Palanca*, Santiago, septiembre, 1908, N° 5, p. 1.

[25]   "El alma de la humanidad", fragmento del libro *La Mujer* de María C. Gimeno, ibid., p. 52.

Ante esta situación, el principal dilema que se planteaba la *mujer palanca* era emancipar a las mujeres y para ello buscaban liberarla de un "hombre" en particular: "¿cómo sustraer a la mujer de la dominación del sacerdote?". Por otra parte, se diagnosticaba que las mujeres estaban sumidas en problemas cotidianos y sometidas a influencias particulares, incapacitadas de elevarse a ideas e influencias "generales". La *mujer palanca* proponía dos caminos para luchar contra esto: evitar el *aislamiento* de la mujer, incentivándole la lectura del diario, la asistencia a conferencias y a Centros de Estudios Sociales, la conversación y la discusión; y cambiar la orientación de la educación de la niña, desde una educación calificada como "abstracta" ("¡demasiadas palabras y escasez de hechos!") a una educación "positiva", basada en la ciencia y sus métodos de investigación, la que serviría de base para la formación en "conceptos generales y una moral humana y laica". Es decir, la emancipación de las mujeres debía comprenderse en el marco de un vasto programa de transformación del sistema educativo en general, modernizándolo en dirección de una educación científica laica. Dicha emancipación dependía, así, de un cambio cultural sistémico. "La lucha, sin duda, será larga, entre la mentalidad adquirida, fruto de un largo sistema de educación y la mentalidad nueva, pero creo que la perseverancia concluirá por imponer el triunfo de lo último. El medio más eficaz es el EJEMPLO".[26]

El ideario de emancipación de la mujer chilena, según la perspectiva de la *mujer palanca*, era un proyecto de largo plazo que se sustentaba en su liberación de una doble opresión, dada tanto en el campo de la cotidianeidad particular, como en el campo de la sociabilidad. En estos dos ámbitos se trataba de abrir su experiencia vital y mental a otras formas de ver, comprender y estar en-el-mundo: desde el horizonte más amplio de la comunidad, saliendo al encuentro-diálogo con la colectividad y sus problemas sociales, políticos y culturales, abriéndose simultáneamente al "conocimiento" entendido como "ciencia" y "razón", la que, desde la modernidad positivista, levantaba su bandera como alternativa a la "religión" en tanto "otra" comprensión del mundo y como una "moral" radicalmente humana y terrena.

¿Cuáles fueron algunos de los procesos históricos que, en esta perspectiva proyectual, se desarrollaron en el seno de los distintos estratos sociales de las mujeres chilenas en el siglo XX? ¿En qué medida este proyecto emancipador se llevó a cabo o cumplió con sus objetivos?

---

[26]   Melania Janssens, "Instrucción y educación de la mujer", ibid., p. 53.

3. La Mujer Nueva y el feminismo social. La historia de la familia Rivaguero

En este mundo moderno
qué sabe el pobre de queso,
caldo de papa sin hueso.
Menos sabe lo que es terno;
por casa, callampa, infierno
de lata y ladrillos viejos.
¿Cómo le aguanta el pellejo?,
eso sí que no lo sé.
Pero bien sé que el burgués
Se pit'al pobre verdejo.
[...]
Pa'l pobre ya no hay razones;
hay costra en los corazones
y horchata en las venas ricas
y claro, esto a mí me pica
igual que los sabañones.

Violeta Parra

Si consideramos a "lo político" como el arte y función de gobernar una sociedad para crear, consolidar o cautelar un determinado ordenamiento social, siempre inestable, hoy sabemos que dicho campo de "lo político" se ha fundado, en importante medida, sobre determinados roles de género establecidos en toda sociedad. De esta manera, las mujeres, en los distintos campos, ámbitos o espacios de su acción histórica, han estado siempre desempeñando una función en el orden de lo político, es decir, en el campo estratégico del ordenamiento de toda sociedad[27]. Sin embargo, a pesar de esta larga historia política, su derecho ciudadano de sufragio es algo bastante nuevo y que tiene poco más de 50 años. ¿Cómo se explica esto?

---

[27] Ver este enfoque de lo político trabajado historiográficamente para el caso de Chile en M.A.Illanes, *Cuerpo y sangre de la política. La construcción histórica de las Visitadoras Sociales. 1887-1940*, Santiago: Lom Ediciones, 2007.

Las autoras Edda Gaviola, Ximena Jiles, Lorella Lopresti y Claudia Rojas, en su pionero estudio sobre el movimiento feminista sufragista chileno[28] señalan el temor existente entre los hombres de principios del siglo XX, tanto de derecha, como radicales y de izquierda, consensuados por bastante tiempo en torno a su reticencia a conferir el derecho a voto a las mujeres. Justificaciones no faltaban, especialmente relacionadas con el argumento de su función materna y caritativa y su falta de preparación educacional. Pero ya era difícil construir diques ante una demanda que alcanzaba en Europa, desde principios del siglo XX, una tremenda fuerza de voluntad y militancia feminista, levantando una ola de influencia en toda América. Especial relevancia, como se sabe, alcanzó la visita a Chile en 1913 de la feminista e intelectual hispana Belén de Sárraga que, con gran osadía y fuerza de palabra sobre escenario alzado, cuestionó el rol político-social tradicional conferido y atribuido a la mujer, especialmente por parte del clericalismo, y la necesidad de romper ataduras al respecto, en vista de su emancipación personal y colectiva. Bajo su influjo se crearon los primeros Centros Femeninos con una clara impronta feminista en vista de acometer la gran tarea histórica de comenzar a remover los obstáculos ideológicos para la emancipación de las mujeres.

Bajo el alero de las grandes organizaciones gremiales y obreras de la época, vinculadas tanto al anarquismo como a la Federación Obrera de Chile (FOCH), se formaron asociaciones de trabajadoras, las que cristalizan en varias organizaciones sociales y políticas de corte feminista y que agruparon a mujeres trabajadoras de clase media: la Gran Federación Femenina de Chile (1920), el Partido Cívico Femenino (1922) y el Partido Demócrata Femenino (1924), entre otros, organizaciones que aspiraban a la ampliación del sistema político a través del sufragio femenino, considerado como derecho cívico y como fundamento para la construcción de una verdadera democracia. Estas organizaciones, junto al Club Social de Señoras que aglutinaba a las mujeres de la aristocracia vinculadas a la filantropía y el Círculo de Lectura (1915) que reunía a las intelectuales laicas de clase media, nos hablan de un amplio espíritu asociativo femenino en Chile, en sintonía con el que por entonces tenía lugar en el mundo occidental.[29] Era un fuerte viento de cambio que, en materia de frutos legales –como le sucedió a toda la legislación social– se quedó ahogado entre papeles de estantería parlamentaria, pero que, sin duda, insufló más que un soplo de energía rebelde y de iniciativa proactiva a las mujeres chilenas de todos los estratos.

El movimiento feminista, como el resto de los movimientos sociales, quedó bastante cercado por los acontecimientos políticos que ocurrieron en esos años, específicamente el golpe militar de 1924 y los fenómenos de inestabilidad gubernativa y golpes de

---

[28] Edda Gaviola, Ximena Jiles, Lorella Lopresti y Claudia Rojas, *Queremos votar en las próximas elecciones*, Santiago, Lom ediciones, 1986.

[29] Ibid., pp. 51-58.

autoridad civil y militar del resto de la década. Puesta en retirada la casta política dirigente tradicional, se instaló, junto a la "familia militar", un sector profesional médico que levantó el aparato estatal necesario para la reforma del estado liberal y la implementación de la legislación social, instalando las bases políticas para una nueva hegemonía. Como parte de este proyecto político estratégico, el Dr. Alejandro del Río fundó en 1925 la primera Escuela de Servicio Social[30] de habla hispana que sirvió de fuerza de atracción de un numeroso contingente de mujeres con vocación de servicio social, que se sumó al profesorado femenino y a otras profesionales, en una verdadera misión de atención y de incorporación de los sectores populares a las instituciones de protección e ilustración. Así, un masivo contingente de mujeres profesionales salieron a la calle a "hacer política", es decir, a reconstruir un pacto social gravemente dañado por la crisis de subsistencia popular y por la crisis política, en misión de protección popular y de armonización social. La escuela sacó el año 1925 la revista *Servicio Social*, la que por más de treinta años plasmó en sus páginas el pensamiento y la práctica de las alumnas y profesoras de la Escuela. A través de ella las servidoras sociales estamparon su interés por ponerse al servicio de los sectores más pobres de la sociedad, especialmente de las mujeres y niños de la clase trabajadora, superando las prácticas de la caridad tradicional a través de educación y profilaxia higiénica y del diario vivir y ayudando a dichos grupos populares a través de su incorporación a las instituciones de protección social. Durante la crisis capitalista de 1930 y, en general, en todos los momentos críticos de la vida nacional, las asistentes sociales, junto a otras organizaciones de mujeres, jugaron un rol protagónico, movilizándose en la organización de la ayuda a los sectores más afectados, con gran espíritu y vocación de servicio. A través de su incansable trabajo y compromiso, las asistentes y, más tarde, las trabajadoras sociales, se han legitimado como mediadoras de los grupos más vulnerados de la sociedad ante las instituciones, comprometiendo su ayuda profesional en la solución de las necesidades más apremiantes de los sectores populares chilenos. De este modo, antes y después de obtener el derecho ciudadano al sufragio amplio (más allá del restringido derecho a sufragar en las elecciones municipales logrado en los años 30), una multitud de mujeres profesionales, desde diversas áreas y organizaciones de mujeres, estaban hacía rato trabajando en los puntos clave de la política social, gobernando la sociedad al modo de "intelectuales" que ejercían "funciones de dirección social" (en terminología gramsciana).[31] Eran mujeres públicas para quienes, el no-derecho a voto no era sino un tremendo arcaísmo de la política chilena.

Como expresión de esta presencia pública de mujeres en todos los campos de la política social y cultural chilena y en pos de la lucha contra el anacronismo político,

---

[30]   Escuela de Servicio Social de la Junta de Beneficencia.

[31]   Gaviola et al., op. cit., pp. 63-68.

así como a favor de reivindicaciones biológicas, económicas, sociales y jurídicas de las mujeres, en el marco de la preparación del advenimiento del Frente Popular en Chile, se fundó la más importante organización feminista de la historia chilena en la segunda mitad de la década de 1930: el Movimiento Pro Emancipación de las Mujeres de Chile (MEMCH). Con una clara impronta democrática, el MEMCH planteó, en su Declaración de Principios, su aspiración a "construir una amplia organización con carácter nacional que agrupe en su seno a mujeres de todas las tendencias ideológicas que estén dispuestas a luchar por la liberación biológica, social, económica y jurídica de la mujer".[32]

Con el emblema de una mujer alzando en su mano derecha una bandera del Movimiento Pro emancipación de las Mujeres de Chile y en su mano izquierda a un bebé, el MEMCH daba a luz su publicación periódica, *La Mujer Nueva*, el día 8 de noviembre de 1935, donde quedó escrita su plataforma de lucha que ha constituido un suelo firme de reivindicaciones hasta la actualidad. A través de este importante órgano de expresión, el MEMCH deseaba llegar a todas las mujeres del país, difundiendo su programa emancipador, así como dando a conocer las condiciones de vida y trabajo de las mujeres más pobres y explotadas. Sin pretender sustituir a las distintas agrupaciones de mujeres existentes entonces a nivel nacional, *La Mujer Nueva* deseaba aglutinar fuerzas entre los grupos femeninos de "tendencias semejantes" con el doble objetivo de la lucha por la emancipación de las mujeres chilenas liberándolas de las "irritantes injusticias" que sufrían, e insertando su lucha particular en las banderas libertarias alzadas en el todo mundo occidental contra la explotación, el fascismo y la guerra.

En función de su lucha por la emancipación de las mujeres, el MEMCH portaba un programa concreto que abarcaba tres campos específicos: jurídico, económico y biológico. En el ámbito *jurídico*, la primera reivindicación apuntaba a la conquista de los derechos políticos de las mujeres en Chile; luego, cuatro reivindicaciones se dirigían a la crítica del régimen matrimonial, demandando separación de bienes, libertad de adquisición de bienes propios, libertad de matrimonio y divorcio; una de las demandas decía relación con la protección y defensa del niño (juzgados, reformatorios, alimentos, tuición, investigación de la paternidad, igualdad entre legítimos e ilegítimos) y finalmente se apuntaba a la modificación del régimen penitenciario femenino. En el orden *económico*, las reivindicaciones apuntaban a la igualdad de salarios sobre la base de un salario mínimo, el cumplimiento de la legislación social, especialmente en el ámbito de la protección a la maternidad y al niño obrero y al mejoramiento de las condiciones de trabajo; demandaba, asimismo, vivienda sana y barata, el mejoramiento del estándar de vida de la mujer obrera y empleada y el abaratamiento de la vida. En lo *biológico*, la lucha del MEMCH se dirigía a combatir la "maternidad obligada" en

---

[32]   Estatutos del MEMCH, citados en Gaviola et al, op. cit., p. 69.

base a la difusión de métodos anticoncepcionales, así como al combate del aborto clandestino debido a su riesgo y peligrosidad.[33]

En Chile en 1935 se consolidaban las fuerzas opositoras al gobierno oligárquico y militarizado de Arturo Alessandri, deseando las mujeres del MEMCH constituirse en una importante fuerza crítica del sistema, irradiando hacia las mujeres trabajadoras de la ciudad y del campo, consideradas como los grupos más vulnerados y explotados del sistema capitalista. Así, desde una clara postura militante en el sentido de género y clase, el MEMCH emprendió una ardiente lucha política y social, incorporándose tempranamente a las tareas políticas y sociales del Frente Popular –formado en Chile en 1936– con una clara impronta de género en el seno de este. De este modo, debemos comprender la relevancia del movimiento y de su lucha particular por la defensa y emancipación de las mujeres chilenas, en el marco más amplio de la lucha por la transformación general de la sociedad política y económica, sumida en el autoritarismo y la arbitraria explotación patronal, cuya máxima expresión se encarnaba en las mujeres trabajadoras, afectadas gravemente en sus condiciones de vida, trabajo y salario. A nuestro juicio, este triple cruce militante –de género, de clase y de proyecto político-económico– le otorgó al MEMCH la fuerza histórica y el liderazgo social que fue alcanzando en el seno de las mujeres de Chile y como movimiento social propio en el seno del Frente Popular.

La Mujer Nueva exhibe su figura, especialmente a través de las incisivas e inteligentes plumas de Felisa Vergara, Marta Vergara y Elena Caffarena, entre otras, como una mujer-prensa profesional que actúa como intelectual orgánica y "clase dirigente" respecto de uno de los segmentos más oprimidos de la sociedad, "la mujer trabajadora". A esta buscan *emancipar*, es decir, liberar de su subyugación a través de su toma de conciencia de que su condición de vida podía cambiar por medio de la lucha y la organización. *La Mujer Nueva* y el MEMCH no se quedan en el espacio público de circulación central, sino que acuden en busca de esta mujer/trabajadora: construyendo organización feminista en las mismas poblaciones donde ellas viven: Chuchunco, Mapocho, etc., donde organizan consultorios y realizan talleres de educación popular, generando asociatividad femenina en el marco de la gran efervescencia política del Frente Popular. Y por cuanto su principal sujeto de interés es la mujer trabajadora, *La Mujer Nueva* sigue los pasos de estas hacia las fábricas y talleres, entregándoles la pluma a obreras, que denuncian en ese periódico sus condiciones de trabajo; también se interna hacia las áreas rurales, donde indaga y denuncia la explotación patronal que sufre la trabajadora campesina.

---

[33] "Programa del Movimiento Pro-Emancipación de las Mujeres", *La Mujer Nueva*, 8 de noviembre, 1935, p. 3.

Respecto del trabajo de las mujeres obreras en las fábricas, la *mujer nueva* Eulogia Román, obrera, escribe y devela todas las dimensiones de explotación en la que su condición de mujer y de obrera se entrelazan indisolublemente: su doble jornada en la fábrica y en el hogar; su trabajo "a trato" que le exigía trabajar al menos 12 horas para hacerse un salario aceptable; su menor salario respecto del de los hombres ("un mecánico de una máquina empaquetadora de cigarrillos gana $15 o $17 diarios. Una mujer que realiza el mismo trabajo recibe $7 u $8"). Denuncia Eulogia que el patrón burlaba, en general, la legislación del trabajo relativa a la maternidad (una semana de pre y post-parto), lanzando a la calle a aquellas obreras que notaba embarazadas (por lo que habría que imaginar las fajas y los métodos de ocultamiento). Poco se cumplía la ley de salas cunas y cuando en algunas fábricas existía algún lugar denominado sala cuna, el tiempo que la mujer amamantaba a su hijo no era pagado, por su régimen de trabajo "a trato". El patrón se las arreglaba también para burlar el derecho a una semana de vacaciones de la obrera, a través de suspensiones arbitrarias de días de trabajo, con lo que ella no alcanzaba a cumplir los días anuales requeridos para gozar de ese derecho vacacional. Otro mecanismo consistía en disminuirle tanto el trabajo de las últimas semanas previas a las vacaciones (sobre el cual se hacía el cálculo del salario vacacional) que las vacaciones se convertían en un lujo imposible.

Supongamos que ordinariamente gane $50 o $60 semanales; en las tres últimas semanas esos salarios han disminuido a $50, $38 o $20 respectivamente, de modo que le corresponden $36 como salario de vacaciones. ¿Qué descanso puede tomar una mujer con esa ínfima cantidad? La generalidad de las veces le ruega al patrón que le permita trabajar esa semana. Y así sigue la cadena interminable de abusos que el capitalista comete con sus explotados.[34]

Los resultados quedaban a la vista en la sociedad popular: mujeres que, habiendo trabajado desde los 14 años, ya a los 25 estaban agotadas, desgastadas, casi envejecidas y enfermas de tuberculosis: el bacilo mortal que se solazaba en su debilidad.

Rigoberto Rivaguero no quiso este destino para sus hijas. Empleado en una firma norteamericana en la pampa salitrera como cargador de salitre en un camión de su propiedad y padre de ocho pequeños hijos, hacia la década de 1950 y ante una coyuntura de problemas políticos con la empresa, decidió tomar por sus propias manos su proyecto cultural a nivel familiar. Por ello emigraron a Santiago, la capital, principalmente en busca de mayores oportunidades que propiciaran la futura educación profesional de sus hijas e hijos, sin distinción de sexo; si bien su esposa trabajaba en las duras labores de su casa, deseaba para sus hijas no solo un destino de madres, sino también un oficio profesional. Mentalidad avanzada de un trabajador ilustrado y politizado de la época,

---

[34]   Eulogia Román (obrera), "La mujer obrera es doblemente explotada", *La Mujer Nueva*, 8 de noviembre, 1935, p. 1.

que rompía, respecto de sus hijos, con los tradicionales roles culturales divididos por sexo. Así, Rivaguero llegó a la capital a comienzos de la década de 1960 con su último sueldo y su sueño pegado a los ojos. No le sería difícil encontrar trabajo: Rigoberto tenía escolaridad completa hasta 6º de humanidades y se había calificado en algunos oficios que le permitirían insertarse con facilidad en el medio laboral urbano. Se instalaron en sitio y casa para cuidado en la zona surponiente de la capital. La vida de los Rivaguero se desarrolló como tantas y miles de familias de la clase trabajadora en el Santiago de los sesenta: trabajo calificado y político del padre y preocupado jefe de hogar. En los años 1970-73 asumió como jefe de Relaciones Laborales en Sumar Nylon, salvándose milagrosamente de la extrema violencia golpista. A partir de ese momento, tomó su auto y trabajó como taxista arduamente, sacando la familia adelante junto a su mujer, comprometida desde su feliz vida de esposa y madre, en la cotidianidad del cuidado de los hijos, cocinando, lavando en artesa a escobilla y músculo, planchando, dejándolos cada mañana en la escuela limpios y peinaditos, enseñándoles a rezar al caer el sueño. Aparentemente ella no había podido encarnar el proyecto de la *mujer palanca*; para dicha *mujer palanca*, la madre estaba aún muy sumida en la particularidad doméstica y la devoción. No obstante, ella trabajaba silenciosamente en la transformación de los roles tradicionales de sexo: "Nunca, dice María Eugenia, ella privilegió a los hijos hombres dentro de los quehaceres de la casa; todos teníamos los mismos deberes". Esta era su intuición generacional y su sabiduría humana que se trasluce hasta hoy en la brillante luz de sus ojos, en la calma de su frente y el descanso de sus manos extendidas sobre su falda, lo que habla en ella de una profunda paz... solo violentada con el grito de su alma ante la muerte de su primogénito en manos de carabineros en 1975.

Los esfuerzos y desvelos de años de la pareja Rivaguero coronó con el término de la educación secundaria de cada uno de los ocho hijos e hijas. Sus padres consideraron que, a partir de ese momento, estaba pavimentado el camino para su educación superior: el objetivo y proyecto ilustrado familiar por excelencia. Pavimento que, en realidad, en plena época de dictadura militar y de destrucción sistemática del Estado en Chile, tenía que construir cada uno con sus propias manos o con su trabajo diurno y su estudio nocturno simultáneamente. Así, a "puro ñeque" y esfuerzo duro y propio, fueron saliendo de la universidad: una ingeniera, otras educadoras y de otros oficios y profesiones, enlazando sus vidas con parejas también profesionales, constituyendo hoy día un clan familiar bastante solvente, unido por profundos lazos y redes de solidaridad y cariño y cuyas mujeres son fuertes y de espíritu autónomo. Fue para María Eugenia un orgullo poder hacerse cargo de la deuda de la casa de sus padres, que ellos ya no podían seguir pagando, evitando así su remate y pérdida y, entre todos, pagarles el pasaje a Alemania para visitar a su hija ingeniera que se becó y casó en ese país. Actualmente, todos cuidan de su madre viuda, otorgándole un buen pasar económico y de salud a través de un aporte mensual de cada cual, pensión más digna que la mínima ($72.000) que recibe como heredera de la pensión de su esposo.[35]

El emblemático caso de la familia Rivaguero, como el de tantas otras familias trabajadoras y de clase media de nuestro país, nos muestra cómo arraigó profundo en la mentalidad de los empleados y trabajadores de los años 50 y 60 la importancia de la educación para el desarrollo de su proyecto familiar, especialmente entre los sectores más politizados e ilustrados. Para alcanzar dicho objetivo, hubo una generación de padres, especialmente de madres, que se sacrificaron en aras de ese cometido y proyecto. El camino no estaba bien pavimentado educacionalmente para la clase trabajadora ilustrada, ya que si bien el Estado levantó un gran proyecto de educación básica y de liceos en el siglo XX y especialmente en los años 60, con una matrícula semejante de hombres y mujeres del orden del 60% de la población en edad escolar, la mayoría se quedaba a medio camino y a lo más terminaba el ciclo básico, debiendo proletarizarse tempranamente para ayudar a solventar económicamente a sus familias o subsistir por sí mismos. Una educación secundaria completa era aún, en los años 60-70, una necesidad no asegurada para la clase trabajadora ilustrada y por ello el valor del proyecto y sacrificio de Rivaguero y su mujer, cuyas fuerzas no dieron tregua hasta asegurar a todos sus hijos e hijas dicha educación, con la esperanza cumplida de que ellos prosiguieran luchando luego por sí mismos por llegar a la educación superior, lo cual se cumplió con un esfuerzo tremendo a partir de la década del 80.

Este fenómeno, si bien ha sido persistente, no ha sido parejo o lineal en los sectores trabajadores; el paradigma del "sacrificio generacional" se ha seguido repitiendo y las primeras generaciones de universitarios son, por lo general, fruto de un esfuerzo colectivo de la familia durante una o dos generaciones anteriores, así como del propio ímpetu por seguir estudiando "a pesar de todos los obstáculos", especialmente entre aquellos jóvenes que llegaron a terminar la educación secundaria. El testimonio de la familia Rivaguero es emblemático de este esfuerzo familiar y personal de superación de todas las vallas y de plena realización del sueño y conciencia ilustrada de su padre .

---

[35] Entrevista a María Eugenia, a quien le agradezco su generosidad por compartir su autobiografía familiar.

4. La *mujer nueva* y la mujer campesina. La historia de las Labbé-Saldivia-Uribe

La *mujer nueva* había soñado con esta emancipación de los Rivaguero y anhelaba, más aún, la liberación de todas aquellas mujeres que, alejadas de los centros urbanos con más oportunidades de ilustración y de educación, vivían en el sacrificado mundo rural, donde, según denunciaba la "mujer nueva" en los años 30, la mujer campesina era explotada, especialmente las que trabajaban en la ordeña al amanecer...

La vida de la mujer en el campo se hace ya insoportable. No son sino bestias de carga que marchan cabizbajas bajo el látigo indomable del arriero. Su existencia no tiene cambios en la ruta que le ha fijado el régimen: explotación, hambre, desnudez. Es en el campo, en esa fértil tierra donde madura el dorado trigo, donde puede verse al desnudo el cuadro pavoroso de miseria que se cierne, cual bandadas de cuervo, sobre la vida de la mujer proletaria [...] Una lechadora, esas mujeres que abandonan el jergón que les sirve de lecho a las seis de la mañana... trabajan en pleno invierno en un charco de agua por el ridículo pago de 30 pesos mensuales y una ración diaria de medio litro de leche con el que deben alimentar a 5 ó 6 niños. Estos muchachitos escuálidos, raquíticos, futuros ciudadanos de Chile, a veces logran asistir a una escuela, "templo del saber", donde reciben una instrucción a medias, bajo el control de los señores de esas tierras, para luego ingresar al regimiento de explotados y llevar la misma cadena que soportan sus padres, sin que en sus cerebros se refleje ni una mísera noción que les sirva para libertarse del yugo de la ignorancia que han introducido los verdugos y dueños absolutos de sus vidas [...] ¡Mujer, ayúdate, libérate. Rompe el yugo que te oprime![36]

En el verano de 1936, la citadina Carmen acudió al llamado de la campesina Elvira y se fue al campo, mezclándose entre las lechadoras de un fundo y viviendo junto a ellas su experiencia de trabajo en la lechería. Tuvo que levantarse antes de las 4 de la madrugada, caminar entre la lluvia y los charcos, con la esperanza de llegar a la lechería a calentarse. Pero allí no encontró nada de lo tibio y de lo seco que esperaba, sino todo lo contrario: "Por entre las tablas del techo caía la lluvia igual que afuera y dentro del establo corrían dos acequias de agua". Allí vio trabajar a sus hermanas lecheras: quince sentadas cada una en un banquillo, con un balde entre las piernas, subiendo y bajando las manos por las ubres, esquivando los excrementos, descalzas. Una vez lleno el balde de leche iban a pesar su riqueza "al controlador, quien siempre pone especial énfasis en contar un litro de menos", comenta Carmen. A la semana recibían su sueldo: las más afortunadas $7; la mayoría $4,5 por toda una semana de trabajo. Ante esto, Carmen se dirige a las lectoras *mujeres nuevas* para que no permanezcan indiferentes ante la situación de explotación que vivían las mujeres campesinas y especialmente las lecheras, las que, por su parte, podrían ejercer fácil presión por la dependencia patronal de su trabajo puntual en las lecherías: "Ellas comprenden que si un día dejan de ordeñar las vacas estas se enfermarían, el patrón perdería la producción del día y aun el mercado de venta, pues si ellas se retrasan algunas horas en la ordeña, la leche no podría embarcarse a la hora del tren". No obstante, "no basta con que una sola se haga la valiente contra el patrón, sino que la gran fuerza contra él está justamente en la unión de todas ellas". Carmen hacía asimismo, por su parte, un fuerte llamado a las "mujeres de la ciudad" para salir a propiciar la unión y organización de las explotadas hermanas campesinas.[37]

Hoy se nota la felicidad en el rostro de la señora Odilia cuando nos pide que posemos junto a su hermoso y amado piño de vacas y vaquillas lecheras. Hemos atravesado un potrero para tomar esa fotografía en un bello atardecer de una pequeña propiedad campesina en las cercanías de la ciudad de Osorno, un día sábado del siglo XXI. Acabábamos de visitar la pequeña lechería, orgullo de doña Odilia y de toda la familia, donde se ordeñan las vacas al amanecer con pequeñas manos-máquinas que se posan en las ubres y que llenan baldes y baldes de leche fresca, espumosa, en un gran depósito de aluminio refrigerado a donde la viene a buscar directamente el camión lechero. Comprobamos su delicia, tomando de un jarro que se hundió en su materia blanca para nuestros labios. Muchos años fueron pura pérdida, mal pagada la

---

[36]   Elvira Ramírez (campesina de Lo Espejo), "La vida de la mujer en el campo", *La Mujer Nueva*, Nº 2, 8 de diciembre, 1935, pp. 2 y 4.

[37]   Carmen, "La lechera", *La Mujer Nueva*, Nº 3, Santiago, enero 1936, p. 4.

leche a los productores por parte de las empresas, pero ellos resistieron, financiando su pequeña lechería con otros negocios de los hijos en la ciudad. La tierra y la leche que les permitió, al fin, echar raíces en los años de 1970 después de toda una vida de inquilinos, "no se vende, aunque casi todos los del exasentamiento han vendido" por falta de apoyo productivo, explican, mientras observamos alrededor las "parcelas de agrado" que rodean su propiedad. Allí, en la casa de campo hecha con todas sus manos, ahora vive doña Odilia Labbé, viuda, junto a su hermana, pasando ambas los ochenta. Pero los fines de semana se reúnen las y los hijos Saldivia Labbé que llegan de la ciudad, especialmente ese día en que iban a contar su historia, en torno a un exquisito curanto en olla con sopaipilla y chapaleles, hecho por las mujeres al punto que llegamos, saludando bellas con sus pañuelos sujetando el pelo y sus manos tibias enharinadas.[38]

La abuela de doña Odilia, quien "tuvo unos veinte hijos", enviudó y apechugó con su tribu; vivían en el campo, "en esa época no había ni ciudades" (mediados del siglo XIX). Su madre, Palmira Altamirano, "tuvo 13 hijos, todos vivos"; Odilia, la mayor, nació en 1924 y vio nacer a todos sus hermanos y hermanas, ayudando a criar a los mayores; pudo ir solo unos meses a la escuela. Eran apatronados al principio, hasta que se fueron a Ranco por su cuenta. "Yo tenía que hacer todo lo de la casa, cuidaba animales y también sacaba la leche para la casa y la mamá hacía los quesos... partía a las 4 de la mañana a la lechería, que la aprendí y la viví desde niña... una lo hacía con agrado y ahora la gozo, ahora lo sé todo...". Palmira tenía huerta, aves, chanchos, hortalizas... no había cómo ir a comprar, no había comercio. Cosechaban trigo y viajaban dos o tres días en carreta para llegar al lugar donde estaban los molinos; allí esperaban la molienda. No había escuela cerca; su padre le enseñaba a leer. "En esos tiempos uno era ignorante de todo porque había pocas comodidades, no había ni luz ni radio. Un cierto patrón de mi papá, un Sr. Bórquez, abogado, me conquistó para irle a trabajar a Osorno" a una casona con una parcela chica en la ciudad cerca del actual Sodimac; había huerta, aves, ella hacía todo lo de la casa. "Eran muy buenos conmigo los patrones. Me querían porque yo les hacía las cosas como me pedían". Tenía un sueldo y me tenían libreta con las imposiciones, pero "en esos tiempos no existía eso que a uno le dieran días libres", por eso no iba a ver a sus padres. Trabajó, así, de empleada doméstica como tres años; ahí conoció a su marido que trabajaba lechando una vaca y entregando la leche en carretón de caballo. Después de casados se salieron de la casa y estuvieron arrendando un par de piezas, donde crió a sus tres primeros hijos; una hacía de cocina y la otra de dormitorio. Conocieron la estrechez. "En esos años había poca comodidad y uno tenía que aguantárselas". Su marido trabajaba de chofer de un alemán, Oelker, y le daba buen trato. Era poco comunicativo con sus sentimientos. Él

---

[38]   Entrevista a la señora Odilia Labbé Altamirano, junto a sus hijas e hijos, realizada el día sábado 22 de marzo de 2008.

compraba las cosas. Además de la comida, compraba una pieza de género y ella tenía que cocer toda la ropa a mano, a su marido e hijos. "Aprendí a coser sola" y tejía mucho.

Cuando le ofrecieron trabajar de empleada doméstica de los padres franciscanos, vivieron allá, en el Seminario de la plazuela Yungay, donde cocinaba para 32 padres, mañana y noche. Le daban dos piezas, sueldo y libreta. Los padres la querían, respetaban y querían a sus hijos. "Tenía pocas oportunidades de ir a misa porque había que estar en la cocina". Se retiraron cuando a su marido le ofreció trabajo de chofer don Eduardo Ubilla en Río Bueno. "Ese señor tenía camiones para trasladar madera para construcciones". Allí les pasaron sitio con casa y arboleda. Allí la vida de doña Odilia era buena, "porque podía criar de todo". A los dos años, volvieron a Osorno; su marido trabajaría como chofer del padre de los Ubilla. En ese tiempo ya tenía cinco hijos; todos los tuvo en el hospital; "en ese tiempo iban a la escuela". Allí estuvieron como 10 años. "En todas partes la han tratado bien porque ella era muy sumisa; sabía aceptar todo lo que le digan", comenta la hija de doña Odilia, quien asintiendo agrega que "en esa época los patrones eran los patrones". "Tu mamá sirvió toda una vida, preñá y pariendo", comenta la nuera. Como mujer, doña Odilia dice que se sentía tranquila, segura, "sabía aceptar todo lo que viniera, lo bueno y lo malo. Aguantaba todo, resistía todo. Yo me sentía contenta, satisfecha con lo que tenía, con la manera de vivir y pasar el tiempo". "Lavar era un tremendo sacrificio": a artesa, tabla, escobilla y paleta de madera para el desmugre. Se planchaba con plancha de fierro puesta en la cocina con "fuego a toda tierra". Se sacaba agua de un pozo. "Yo no se lo daría a nadie ahora"; antes tenían máquina de moler carne, comida más sana, pero la lavadora automática es lo mejor que existe: "cómo hubiéramos querido tener ese alivio antes". Pero el terremoto del sesenta le trajo una máquina de coser: maravilloso regalo fiscal de la catástrofe.

La vida de campo recomenzó "cuando unos patrones alemanes, los Ruhe, llevaron a mi marido de chofer a un fundo cerca de la costa". Entre una propiedad y otra de esos patrones trabajaron con ellos 27 años. Había cuarenta familias en esos fundos de los Ruhe. "Tenían aserraderos y bosque nativo. Vendían madera para las minas de Calama. Hoy todo eso está replantado con pino y eucalipto". Era la cordillera de la costa, alejada de los servicios públicos. Se ganaba una miseria. Para las compras, había una pulpería en el campo, donde se anotaba lo que cada inquilino sacaba. Dos veces al año les daban dinero: rehacía la liquidación y se les pagaba el saldo. No había posta rural ni control de embarazo. Los niños nacían en la casa con partera mapuche. La escuela estaba a 3 kilómetros y los niños iban caminando y en bote para llegar a ella. "En esos tiempos no había locomoción; se trajinaba de a pie". El padre les obligaba, "porque tenía que estudiar y porque debía ser así". Tenía una clara cultura del "deber y del cumplir". La escuela rural tenía una sola sala, con dos filas de niños y niñas. La maestra rural vivía sola en la escuela; a su hija la tenía en un internado. Ella misma, a la hora del recreo, les cocinaba a sus alumnos y alumnas con comida que llegaba de

Caritas. Almorzaban todos juntos. Al llegar del colegio las niñas debían trabajar en la casa y los niños a buscar leña y agua, pero nunca dejaron la escuela por el trabajo del campo. Terminaron la básica, hasta cuarto; algunos hasta sexto. En el campo había una tele de batería; "anhelábamos ver el festival de Viña".

Pero el salto cualitativo en la condición de vida de la familia Saldivia Labbé tuvo lugar cuando se presentó la oportunidad histórica de salir de su condición inquilinal: fue cuando hubo, al fin, la posibilidad de acceder a la propiedad de la tierra. "Mi papá postuló al Programa de Reforma Agraria", aclara el hijo mayor de Odilia. Año 1972, gobierno de Salvador Allende. "A mi papá lo llamaron porque se definía por puntaje porque tenía hartos hijos y referencias laborales. Este era un asentamiento (exfundo del alemán José Epple) de ocho inquilinos. Se les daba preferencia a los inquilinos del fundo y se admitió a dos familias inquilinas de afuera para la formación del asentamiento". Demoró dos años su solicitud y se la entregaron en 1974, durante el gobierno militar, cuando el asentamiento fue dividido en parcelas con sus 40 há. básicas. "De los ocho parceleros, somos los únicos sobrevivientes. Todos los demás vendieron por falta de capacitación y ayuda económica. Poco a poco los jóvenes partieron y, por un tiempo, se quedaron las personas mayores, hasta la venta". Los Saldivia, en cambio, ya conocían el oficio de lechería siendo inquilinos de los Ruhe, quienes tenían cinco lecherías; estos patrones les permitieron tener 15 vacas y con eso montaron entonces su propia lechería familiar, actividad que constituye hoy la base productiva de su propia parcela, duplicando su producción. La madre Odilia y su hermana ahora están viviendo solas en el campo, pero son permanentemente visitadas y apoyadas por sus hijos y por los negocios urbanos de estos (empresarios de buses en Osorno), invirtiendo en tecnología moderna apropiada al nivel productivo de su vaquería.

Al fin propietario parcelero, al señor Saldivia le preocupaba el destino educacional de sus hijos. Juvenal y Luis fueron a estudiar a la Misión de Quilacahuín, sector de Rahue, de curas holandeses, a los que iban a buscar dos veces al año. Pero siempre desvelado por la educación de sus hijoas, el padre exinquilino Saldivia opta, finalmente, por comprar un sitio en Osorno donde, con las manos de todos se levantó "la casita" para que pudieran estudiar en la ciudad. Carmen, la hija tejedora, hacía de "madre del buque" y los hermanos de apoderados de sus hermanas. Tenían tres camas y una mesa con sillas. Cada uno iba comprando cosas; un hermano compró la tele. Las hermanas lavaban en la tina los blue jeans de los hermanos. "Dos terminaron el 4º; los demás no se la pudieron". No tenían una buena base, dicen. Los tres hombres fueron a la enseñanza media; las mujeres, media incompleta.

María Cristina, mamá de María Paz, hija de doña Odilia y melliza de su hermana, tiene 46 años, trabaja en la ciudad de Osorno en un supermercado y tiene la voluntad de terminar su 4º medio. "El otro año me voy a poner las pilas", dice con firmeza, pero su principal objetivo es que María Paz termine sus estudios universitarios que realiza con mucho éxito en la ciudad de Valdivia. "Uno no llega a este mundo sabiendo las cosas. Nunca recibimos un consejo. No juzgo a nadie. 'Diosito —rezaba—, no quiero ser madre soltera. Quiero casarme'. Cuando me casé y separé, 'ahora quiero ser madre soltera'. Me casé enamorada y fuerte a los 26 años y se fue desarrollando una relación de amor y odio. No iba a permitir que me pegaran y me gorrearan. Yo tomé la decisión". Al poco tiempo falleció su padre. "Vi la oscuridad. La Iglesia Católica me ayudó mucho…". Al separarse, María Cristina salió a trabajar: desde los ocho años su hija María Paz quedaba sola. "Le dejaba su comida en el termo. Ella tenía llave. Iba a un muy buen colegio, Santa Marta". A su padre le descuentan la pensión por planilla: recurrió a la justicia. "Estoy muy agradecida de Dios por mi hija, es muy responsable. Trato de conversar con ella. 'Yo no quiero que tú seas como yo'. No cualquiera llega así a la U".

María Paz, nieta de doña Odilia, es la primera generación universitaria de la familia y quizás por eso ella siente ese gran peso sobre su espalda. "Para mi mamá va a ser un gran logro que termine mi carrera. Si llego a fracasar… tengo miedo, pero creo mucho en Dios. Le tengo que responder a muchas personas. Gracias a ese profe pude becarme… Estar estudiando lo que quiero es ya un logro para mí. Cuando niña le echaba la culpa a mi madre porque me dejaba mucho sola. Veía a mis compañeros con sus familias. Fue duro, pero me ha servido para formarme como persona. El hecho de que mis papás se hayan separado me influye. Nunca he pololeado. Trato de que no me hagan sufrir. Exijo fidelidad y que no me falten el respeto física y verbalmente. Gracias a Dios tuve el apoyo de mi segundo hogar, el colegio. Quiero ser profesora". Ser profesora para ella no es tener un cartón, sino ser un referente en las vidas de sus alumnos y alumnas.[39]

Cabe aguzar la mirada sobre algunos de los cambios mayores que ha vivido una familia campesina, como la Saldivia Labbé, en el curso del siglo, desde aquella dura y explotada vida en la artesa, los charcos y los establos, a esta primera generación de nieta universitaria. Atender al hecho, sin duda, revolucionario, de su acceso a la propiedad de la tierra, fruto de la Ley de Reforma Agraria de los años sesenta y setenta, justo premio al esfuerzo de toda una vida de trabajo apatronado que, por poco explotador que fuese un buen patrón de los años sesenta, no le permitía al mejor de sus inquilinos romper el círculo de su subsistencia y su dependencia laboral casi asalarial, de su imposibilidad de contar con casa propia y de contar con recursos y movilidad en vista de una educación adecuada de sus hijos. Por eso, a pesar de todos los esfuerzos del exinquilino señor Saldivia por educarlos, ya era un poco tarde y la generación de sus hijas mujeres hubo de emplearse en la ciudad, mientras los hijos varones tomaban la inteligente opción de dedicarse a la pequeña empresa. Y ha sido esta pequeña

---

[39] Entrevista a María Paz Uribe Saldivia, junto a su familia, un bello día sábado de otoño en el campo de su abuela Odilia Labbé.

empresa familiar urbana (de autobuses) la que no solo ha permitido salvar la parcela, resguardando su premiada identidad de familia propietaria de tierra y ganado, sino tecnificarla según sus requerimientos básicos, evitando la explotación de ordeñadoras, como antaño. Estas, si bien ya no tienen el empleo miserable de sus madres y ya no están descalzas sobre los charcos, como denunciaba la *mujer nueva*, siendo ahora sustituidas por las manos máquinas, hoy están empleadas y bastante explotadas en algún supermercado de la ciudad, trabajando y entregadas por entero a su gran sueño o a la educación universitaria de sus *hijas*, las que ya no están dispuestas a sufrir el costo emocional que vivieron sus madres (por el solo deseo de casarse), cargando con maridos irresponsables, a menudo violentos e infieles; antes que nada, aspiran a hacer de sus profesiones una misión y vocación primordial en sus vidas, supeditando cualquier relación de pareja a la posibilidad de tener una relación de calidad, es decir, de compromiso, verdad y fidelidad.

5. La *mujer nueva*: la rebelión contra Moloch o la protección materna. Las mujeres Méndez-González

El dios Moloch, encarnación de la oscuridad de la materia en que se había convertido el Espíritu luego de la catástrofe primera, exigía que se le desagraviara a través de sacrificios. Así debía redimirse el ser humano de su propia tragedia y pecado por haberse convertido en materia luego de aquella catástrofe. Representado como una figura humana con cabeza de carnero o becerro, Moloch tenía por sacrificio preferido la devoración de niños, especialmente de bebés, por considerarlos como los seres más impregnados de materia... En los templos fenicios en los que se le rendía culto se encontraba una enorme estatua de bronce del dios; dicha estatua estaba hueca, y la figura de Moloch tenía la boca abierta y los brazos extendidos, con las manos juntas y las palmas hacia arriba, dispuesto a recibir el holocausto. Dentro de la estatua se encendía un fuego que se alimentaba continuamente durante el sacrificio. En ocasiones los brazos estaban articulados, de manera que los niños que servían de ofrenda sacrificial se depositaban en las manos de la estatua, que por medio de unas cadenas se levantaban hasta la boca, introduciendo a la víctima dentro del vientre incandescente del dios. Durante el sacrificio, los sacerdotes del templo hacían sonar tambores, trompetas y tímbalos, de manera que no oían los llantos de los niños.

"Así procede esta sociedad actual –comenta la *mujer nueva*–, semejante al dios Moloch: solo quiere que nazcan los niños para devorarlos. Exige que se le inmole todos los años la cuarta parte de la población infantil como un homenaje a sus principios... Que se mueran todos, pero que no se cambie ni un ápice lo que ella ha establecido como moral y como bueno".[40] Desde esta lapidaria crítica al sistema sobre el cual se erigía la sociedad chilena, la *mujer nueva* celebró, en febrero de 1936, el acuerdo a que había llegado la Convención Médica de Valparaíso, reunida en enero de ese año, que planteaba la necesidad de legislar en pro del aborto legal hospitalario, como medida transitoria, con el fin de evitar la gran mortalidad y enfermedad de mujeres producida por el aborto clandestino, mientras se llevaba a cabo una amplia difusión de métodos anticonceptivos. La *mujer nueva* se sintió ampliamente respaldada por este acuerdo que venía a dar un espaldarazo a su programa de emancipación biológica de la mujer, enfatizando también su opción por el aborto como medida "transitoria" y bastante urgente, ante la reproducción de miseria que significaba la maternidad popular, la que, en vez de ser una alegría, era una "pesadilla".

> El drama de la mujer trabajadora que pasea su miseria por las calles con un niño tomado de la mano, otro en los brazos, uno o dos más siguiéndole los pasos y generalmente otro en el vientre y que llega a su casa a darles té puro o agua de manzanilla como único alimento, a veces durante 24 horas, es algo para nosotras demasiado conocido y, por lo tanto, no podríamos haber silenciado lo que nos parecía también una solución transitoria.[41]

Mientras arreciaron las críticas y ponía la sociedad conservadora el "grito en el cielo" por el programa biológico pro-aborto legal del MEMCH y el acuerdo en este mismo sentido de la Convención Médica de Valparaíso, la *mujer nueva* desafiaba a la sociedad a responsabilizarse de los hijos de las mujeres trabajadoras: "Nosotras creemos que la sociedad no le puede imponer a la mujer el tributo de los hijos si no le proporciona los medios para alimentarlos", comenta. Por su parte, la secretaria general del MEMCH, Felisa Vergara, abrió los locales donde funcionaba el MEMCH para acoger las charlas de difusión del Dr. Garafulic –quien había formado parte de la Convención Médica de Valparaíso– sobre el aborto legal y los métodos anticoncepcionales disponibles, mientras el propio MEMCH abría un consultorio en la Población San Martín.

Con el fin de impulsar la protección a las madres de la clase trabajadora y popular, el MEMCH envió una nota a las Centrales Sindicales solicitando un Congreso de Mujeres Trabajadoras con el fin de presionar y educar en sus derechos a las madres trabajadoras para conseguir ciertos beneficios, tales como: a) la coordinación de los servicios de la

---

40 M. V., "Necesidad del control de los nacimientos. El problema del aborto y la mujer obrera", *La Mujer Nueva*, N° 4, febrero de 1936.

41 Ibid.

Caja del Seguro y de los de la Inspección del Trabajo, con el fin de evitar la pérdida de beneficios por descoordinación y trámites engorrosos; b) la extensión de los beneficios legales maternos a *todas las mujeres trabajadoras*, ya que estaban excluidos de ellos las empleadas domésticas, las de hospitales, las trabajadoras a domicilio y la amplia masa de las trabajadoras agrícolas; c) que las Cajas de Previsión fuesen las que pagasen a las mujeres su salario íntegro en el período de pre y posparto (seis semanas antes y seis después del parto), financiado con un impuesto al patrón por cada hombre y mujer que trabaje en un establecimiento dado, cumpliendo, así, con el acuerdo de Washington de 1919, ratificado por Chile, evitando el pago directo por el patrón para "evitar el despido de las obreras". Incumpliendo este acuerdo Chile había estipulado en el Código del Trabajo el pago a las madres en dicho período de pre y posparto de solo el 50% del salario, financiado entre el patrón y el Seguro Obrero; d) el cumplimiento por parte de Chile del acuerdo de la Conferencia Panamericana del Trabajo, en el sentido de que los patrones empleasen conjuntamente hombres y mujeres, en los mismos trabajos, evitando la burla del principio de "igual trabajo, igual salario"; los patrones, con el fin de pagar el 50% menos de salario a las mujeres, las separaban de los hombres, aunque hicieran un trabajo similar.[42]

En el encabezado de la nota a los sindicatos, el MEMCH se dirigió en estos términos a los "Compañeros: existe actualmente en los servicios de las leyes sociales y en las condiciones de trabajo de la mujer, una serie de irregularidades y un conjunto tal de injusticias que, a las que militamos en el MEMCH nos parece absolutamente necesario concluir con todas ellas", presentando a continuación las demandas ya tratadas. Reunidos dichos sindicatos en la Convención Anual de la Confederación Nacional de Sindicatos, habló en representación del MEMCH María Ramírez, obrera del ramo de la costura y exdelegada a la Conferencia Panamericana del Trabajo, con total acogida por parte de dicha Confederación, iniciando María Ramírez la difusión del programa de reforma entre otros sindicatos del país.[43]

A pesar de su intransigente defensa de la mujer y madre trabajadora ante todas las instancias y actores de la sociedad civil y política, la *mujer nueva* estaba lejos de idealizar a la madre popular; ella, a través del trato autoritario y a veces cruel a sus propios hijos, contribuía a construir su infelicidad, perpetuando una tradición de abuso infantil entre el pueblo.

A menudo nos hemos detenido en las calles de Santiago con una impresión penosa al sentir expresiones como esta: "¡Ven acá desgraciado, que te voy a partir la cabeza!". A menudo también, el gesto acompaña a los gritos y los golpes caen violentos sobre los

---

[42]   "A los enemigos del aborto pedimos protección para la madre obrera", *La Mujer Nueva*, N° 6, Santiago, mayo de 1936, portada.

[43]   "Hacia el Congreso de Mujeres Obreras", ibid., p. 5.

niños. / Comprendemos que las mujeres trabajadoras, las mujeres que viven en una pieza de conventillo, donde tienen que hacer la comida, lavar la ropa, atender al hombre que llega gruñón o borracho y dar, finalmente, de comer a los chiquillos sin tener el dinero con qué hacerlo, no tengan los nervios en buen estado. Por lo demás, a ellas las trataron así y nunca han visto ni sentido otra educación. Por eso estas líneas tienen el espíritu de hacer un llamado a esa fuerza super-humana que hay en todas nosotras y que solo aparece ante una convicción profunda, ante un convencimiento sólido".[44]

La *mujer nueva* hace un llamado a las madres populares a despertar sus fuerzas superiores, mejorando el trato a sus hijos, "contribuyendo a hacer menor el sufrimiento del hijo del pueblo. Los niños necesitan alegría y cariño –les dicen– para desarrollarse en forma normal. Los hijos de los trabajadores no tienen ni juguetes, ni comida abundante, ni golosinas. Sufren con el frío y las enfermedades infecciosas. Sus cuerpos están a menudo cubiertos de lacras. ¡Que encuentren, entonces, por lo menos, la ternura de sus madres!".[45]

Quizás por eso y mucho más, el MEMCH estampó en el canto, que entra profundo y directamente en los sentimientos y por simple osmosis en el cerebro, su amor por la mujer y el niño:

"Adelante mujeres chilenas / con el alto estandarte de acción / vamos todas a luchar / por el triunfo de nuestra emancipación. // Por el canto y sonrisa del niño / no temamos desvelos ni dolor / porque en lucha por la Paz / y defensa de un Ideal / nuestros puños de acero serán. // Ven mujer... / a nuestro lado a combatir / porque la hora de justicia / muy cercana está ya. / Con la unión / de nuestro brazo poderoso / seremos bloque de granito / que jamás derribarán".[46]

El niño chileno constituía una bandera inseparable e irrenunciable a la hora de plantearse la emancipación femenina de la hora. Porque sin duda era la víctima más frágil y el último eslabón de la injusticia y dominación de la sociedad a todo nivel, lo que se expresaba nada menos que en su muerte, hecho que no dejaba indiferentes a las mujeres más consciente de la época, convocando a numerosas voces femeninas en su denuncia a lo largo y ancho del país. Como expresión de esta movilización y desesperado llamado a la protección de la infancia chilena, se constituyó un "Comité de Acción de Voluntades Femeninas" que sacó un *Manifiesto* que se dio a la luz pública en todos los diarios de la capital y que el MEMCH, como una de las organizaciones firmantes –junto con la Federación Metodista Femenina, la Asociación Cristiana Femenina, la Legión Femenina América, sector Santiago y Talca, el Partido Cívico Femenino, el Club Femenino América, el Club de Profesoras, la Liga Evangélica Femenina y Mujeres

---

[44]   "La violencia de las madres", *La Mujer Nueva*, nº 15, mayo 1937, p. 2.

[45]   Ibid.

[46]   Himno del MEMCH, *La Mujer Nueva*, nº 18, Santiago, noviembre de 1937.

Individuales–, dio a conocer en su periódico, dejando en claro que era voluntad del MEMCH participar en todas las iniciativas en pro de la causa del niño chileno, en el convencimiento de que "ninguna organización aislada puede hoy (alcanzar) un éxito considerable ante ningún problema. Es forzoso, es imprescindible la unión de todas las mujeres!".[47] En dicho *Manifiesto* se habla de una "cruzada para la salvación" del niño chileno, considerado el problema más grave de la nación, especialmente tomando en cuenta que "la mortalidad infantil chilena (es) la mayor del mundo. De cada 100 niños mueren 33 antes de cumplir el primer año de vida, de cada 100 escolares chilenos, 91 son víctimas de tuberculosis, sífilis y otros males irreparables". Ante esto, "las mujeres de todas las tendencias sociales, políticas y religiosas, no pueden tolerar un minuto más que subsistan sin remedio definitivo y final, las causas que provocan esta verdadera hecatombe de la nacionalidad". Que ya estaban cansadas de palabras y discursos que se llevaba el viento. Querían hechos concretos e inmediatos; para ello, plantean un programa urgente: "a) hogar limpio, alegre y confortable, digno de seres humanos, en vez del conventillo infecto y destartalado; b) una mujer consciente de sus derechos de madre y no madres, hermanas, novias o esposas ignorantes, víctimas de los prejuicios y de la miseria intelectual, física y económica; c) un hijo robusto, sano, educado y culto, un hombre poseído de energía para superarse en el camino hacia el triunfo en la vida".[48]

Mujer obrera

Cada año maduras un retoño/ mujer obrera. //

Eres fértil como la tierra/ y como la tierra/ amarras las miserias.//

Obrera trajeada de harapos/ de alcohol/ de contagios.//

En jirones/ frente a la artesa/ desgarras los pulmones.//

El día del pago/ enmascarada tu tragedia/ busca el populacho.//

Con despecho/ zapateas tus andrajos/ y tus monedas se liquidan en el alcohol.//

El conventillo/ bosteza podredumbre.//

Tus hijos obrera/ ratas anémicas que se asfixian/ apresuran la mañana/ para ir a rondar/ al arroyo.//

JUANA FERRER ESPINOZA (poetisa obrera) [49]

Belleza trágico-poética ante la que no caben otras palabras…

---

[47]   "Todas las organizaciones deben adherir a la Acción de Voluntades Femeninas", *La Mujer Nueva*, ibid., p. 2.

[48]   Ibid.

[49]   *La Mujer Nueva*, nº 10, Santiago, octubre, 1936, p. 2.

En realidad, no se trataba solo de un problema nacional. La mortalidad y abandono infantil afectaba el mundo occidental en su totalidad, fruto de un proceso de industrialización acelerada, a la cual se incorporó de lleno la fuerza de trabajo femenina e infantil sin ninguna protección legal y al total descampado del capricho patronal. Ante esto, se constituyó en Europa una Liga de Defensa de los Derechos del Niño, "considerando el creciente número de niños martirizados, mal alimentados y faltos de cuidados elementales", la que elaboró un programa que el MEMCH consideró coincidente con su programa de protección a la madre trabajadora y sus hijos. Dicho programa se sustentaba sobre un principio nuevo y decisivo que estaba llamado a resquebrajar los propios fundamentos del Estado liberal: la concepción de "la maternidad como una función social y el niño reconocido como capital de la nación, colocado bajo la protección y control del Estado". Con esto se disolvía el campo de "lo privado-familiar", constituyéndose el ámbito de lo público desde el propio cuerpo/útero de las mujeres reproductoras de capital humano nacional. En vista de la nueva función social del Estado, la Liga levantó un programa de "estatización" que le otorgaba al Estado la hegemonía de la dirección y control del cuidado del niño-de-la-nación: a) creación de un Subsecretariado de la Infancia, coordinado con la Salud Pública y la Educación Nacional; b) fusión de todas las obras que estaban al servicio de la ayuda social al niño (gotas de leche, creches, etc.) bajo la dirección central del Estado; c) declaración de embarazo de la futura madre, siguiendo el estado de salud y desarrollo del mismo y creación de un "seguro de maternidad" con el fin de solventar sueldos en caso que dicho embarazo requiriese licencia médica; d) amamantamiento maternal obligatorio durante seis meses y vigilancia del cuidado del niño desde el vientre materno hasta la edad escolar, pudiendo el Estado determinar que, en caso de negligencia familiar, el niño fuese retirado de su familia, quedando esta desposeída de su derecho de tuición; e) investigación de la paternidad y responsabilidad del padre en la manutención de su hijo; f) supresión de toda inferiorización del hijo natural; g) jornada laboral de cinco o seis horas para los niños menores de 18 años, con obligación de cinco semanas de vacaciones; h) supresión de los juguetes bélicos; i) toma de exámenes neurosiquiátricos en las escuelas para "descubrir a los tarados antes de que cometan delitos, implementando casas de rehabilitación a pleno aire libre. En suma, el niño debía pasar a constituir una clave de la conformación nacional y de la salud de la sociedad en su conjunto; una sociedad por entonces gravemente dañada por la guerra, el fascismo, el hambre y el abandono familiar. Resumiendo, el nuevo Estado Nación había de construirse desde el vientre de la madre del pueblo. Más aún, la Nación se construía desde la profilaxia sexual del orden matrimonial:

Libreta de Familia

Rubén Rodríguez-Peña Figueroa y María Llantén Ríos.

Casados en San Fernando el 28 de octubre de 1946.

(8 hijos).[50]

Los padres

"Para tener un hijo sano los padres deben ser jóvenes y sanos de cuerpo y de espíritu. Si Ud. sospecha o duda de padecer de sífilis, alcoholismo o vicios (cocaína, morfina, etc.), no engendre un hijo antes de haberse puesto en curación. La sífilis, el alcoholismo, la toxicomanía degeneran la raza y producen en los hijos atraso intelectual, instintos perversos, locura, epilepsia, etc.

"La tuberculosis es contagiosa, y el niño en contacto con sus padres tuberculosos, en un ambiente tuberculoso, será fatalmente tuberculoso.

"Piense que la felicidad de sus hijos está en que les transmita una herencia de salud corporal y espiritual mejor que una herencia de dinero o de situación social.

"Si Ud. padece de un mal hereditario como los enumerados antes y quiere tener hijos sanos, hágase tratamiento médico y evitará así las consecuencias de ese mal para Ud. y para su familia".

El embarazo

"El niño será más sano cuanto más se cuide la mujer durante el embarazo: vida tranquila, ejercicio moderado, comida sana, pocas fiestas, pocos malos ratos, pocas emociones violentas, poca actividad sexual. Los quehaceres domésticos no perjudican su estado.[51]

"Su UD es obrera, acuérdese que las leyes sociales dan muchas franquicias a la madre durante el embarazo y en la lactancia: aprovéchelas.

"Si no es protegida por leyes sociales, los Centros Preventivos de la Dirección General de Sanidad le ofrecen gratuitamente sus servicios. Hay uno cerca de su casa.

"Hágase examinar una vez al mes para comprobar la evolución de su embarazo.

"Cuide sus pezones, para que cuando le dé el pecho al niño, no tenga grietas (lavado y masajes diarios con alcohol y glicerina). Báñese".

---

[50]   Agradezco a Nicolás Acevedo el que me haya proporcionado este valioso documento de familia.

[51]   El cursivo y subrayado es de Nicolás.

Matrimonio

"El matrimonio es un contrato solemne por el cual un hombre y una mujer se unen actual e indisolublemente y por toda la vida con el fin de vivir juntos, de procrear y auxiliarse mutuamente.

"Los cónyuges están obligados a guardarse fe, a socorrerse y ayudarse mutuamente en todas las circunstancias de la vida. El marido debe protección a la mujer y la mujer obediencia al marido.

"El marido tiene el derecho para obligar a la mujer a vivir con él y seguirle dondequiera que traslade su residencia. Cesa este periodo cuando su ejecución acarrea peligro inminente a la vida de la mujer. La mujer, por su parte, tiene derecho a que el marido la reciba en su casa.

"El marido debe suministrar a la mujer lo necesario según sus facultades y la mujer tendrá igual obligación respecto del marido, si este careciera de bienes".

Con un fuerte compromiso por la urgente necesidad y enfermedad del pueblo chileno, el Frente Popular asumió el gobierno en octubre de 1938, cuando, con el lema que enarbolaba las necesidades del cuerpo –"pan, techo y abrigo"–, llegó al alma del pueblo que votó por la alianza de centro-izquierda liderada por Pedro Aguirre Cerda. Desde el primer momento de su mandato, la puesta en la mira del gobierno fue la crisis de subsistencia del pueblo y especialmente de las mujeres y niños. Utilizando la fórmula de la protección popular aristocrática, la primera dama, Juanita de Aguirre Cerda, fundó un Patronato que comenzó a velar por las madres-niños a nombre del Estado nacional. Como medida inmediata, se ordenó a las Cajas de Prendas la devolución de las máquinas de coser a las mujeres, ancestrales trabajadoras a domicilio de corte y costura, las que habían llegado hasta a perder sus propias herramientas de trabajo por un plato de lentejas. Por otra parte, la Caja del Seguro comenzó a adquirir la figura de un aparato institucional de asistencia inmediata a lo/as asegurado/as, como las muchas madres solteras que, no aceptadas en los trabajos ni en ninguna parte, vagaban su preñez en las noches cansadas de su desamparo: la Caja las dignificó pagándoles pensión en casa de familias, donde pudieran alimentarse bien y dormir tranquilas, en su vientre germinando protegido el niño de la nación. Y para paliar el calor infernal de ese verano de 1939, las piletas de plazas y paseos acogieron los cuerpos de los niños de las calles y de los barrios pobres, a los que se les abrieron las alamedas para la alegría de su juego. Para abaratar la tremenda carestía de la vida, se decretó la libertad de instalar ferias en las calles, que se llenaron de frutos nutritivos, del productor al consumidor, gritando los precios bajos a las caseras. Todas estas medidas inmediatas nos estaban hablando de una nueva fase de las relaciones entre el Estado y el pueblo, inaugurándose en Chile el momento de la dignificación del pueblo por parte del Estado, y aun más, el momento en que el Estado buscaría su propia definición y legitimación en dicha dignificación.

Este fenómeno se hará aún más claro a partir de la llegada al Ministerio de Salubridad del Dr. Salvador Allende, portando su programa de gobierno ministerial bajo el brazo o su importante libro *La realidad médico-social chilena*, donde demuestra su profundo conocimiento, en la práctica y la teoría, de la crisis vital y existencial del pueblo chileno. Las cifras impactan la conciencia histórica nacional de entonces y de ahora:

> La mortinatalidad nuestra equivale al 50,5% de los nacidos vivos; por cada 1.000 nacidos vivos, mueren 250. Por cada 10 nacidos vivos, muere uno antes del primer mes de vida; la cuarta parte antes del primer año y casi la mitad antes de cumplir nueve años. 400.000 niños no concurren anualmente a ninguna escuela (42% de la población escolar). Tenemos 600.000 jóvenes analfabetos. El 27,9% de los nacidos vivos son hijos ilegítimos, cifra esta la más alta entre los países civilizados.[52]

Salvador Allende asume el desafío de intentar poner atajo a la muerte del niño chileno, haciendo de su vida una responsabilidad del Estado, haciendo de su programa ministerial un campo de aplicación de las recomendaciones de la Liga de los Derechos del Niño, como quedó estampado en las páginas del boletín del MEMCH.

En esa línea, Allende emprendió una verdadera transformación del Estado, al integrar y coordinar todos los ministerios que estaban relacionados con políticas dirigidas a la infancia: Educación, Justicia y Salubridad, mientras se elaboró un proyecto de ley para la creación de un organismo superior directivo y fiscalizador de todas las actividades relacionadas con la protección materno-infantil de la República: el Consejo Superior de Protección a la Maternidad, a la Infancia y a la Adolescencia. Reconocida la urgencia del problema, en forma inmediata el Congreso Nacional accedió a acoger la propuesta de Allende de incorporar en el presupuesto nacional la creación del Departamento Central de la Madre-Niño del Ministerio de Salubridad, que tenía como principal finalidad evitar la dispersión y descoordinación entre todas las instituciones que se dedicaban a la protección materno-infantil, teniendo como objetivo a largo plazo la creación de un Comando Único de la protección médico-social de la madre y el niño en la República. De este modo, el Estado estaba adquiriendo una responsabilidad social primordial: hacer suyo el compromiso del resguardo de la vida y salud del pueblo. Como sus objetivos inmediatos, el Departamento Central de la Madre-Niño del Ministerio de Salubridad se abocó a organizar a nivel de todo el país la protección médico-social a la maternidad, infancia y adolescencia, investigando la realidad existente al respecto a nivel nacional y proponiendo las medidas necesarias al gobierno para crear las

---

[52]   Salvador Allende, "La realidad médico social chilena", Santiago, 1939, citado en M. A. Illanes, *En el nombre del pueblo, del estado y de la ciencia. Historia social de la salud pública. 1880-1973*, Colectivo Atención Primaria, Santiago, 1993, p. 314.

condiciones adecuadas para un buen desarrollo del embarazo, nacimiento y crianza del niño hasta su adolescencia, así como implementó un plan de trabajo coordinado entre todas las instituciones –fiscales, semifiscales y privadas–, todas las cuales quedaron bajo "control estatal inmediato". Se elaboró un plan de división del trabajo en torno a la protección a la infancia y adolescencia entre estas distintas instituciones, movilizándose las instituciones femeninas (Cruz Roja de Mujeres, Comité Pro-Cultura Popular, Escuela de Servicio Social, Escuela de Enfermeras Sanitarias, Asociación de Matronas, etc.) en busca de los recién nacidos asegurados e indigentes para ubicarlos en los organismos proteccionales correspondientes .

Se le atribuía a la ilegitimidad la responsabilidad de la alta mortalidad infantil: "De los mortinatos, dice Allende, más del 48% son ilegítimos",[53] argumentándose asimismo, que dicha ilegitimidad era la causa más importante de la frecuencia del aborto entre las mujeres del pueblo; que los ilegítimos alcanzaban a un tercio de la población infantil en Chile[54] –cifra altísima considerando que en 1937 Chile contaba con una población de 4.500.000 habitantes, de los cuales 600.000 eran niños menores de cinco años y 200.000 eran menores de dos años–, poblando de "anormales sociales" los asilos, orfelinatos y cárceles [55]. Ante este diagnóstico, salieron las visitadoras sociales, bajo el mandato del Estado Frente-Popular, en busca del padre oculto, instándole al reconocimiento de sus hijos/as y de hacerse cargo de su manutención básica; de no hallarse en su escondrijo de mal-padre, fue el Estado quien pasó a nombrar y reconocer a dicho hijo como suyo, su Padre político, generando una política social ampliada de legitimación o escritura legal del nombre o identidad del niño de la patria; nombre que le otorgaba legitimidad para recibir algunos beneficios sociales y asignaciones familiares.

Era grave el problema de la vivienda popular urbana, hacinado el pueblo en los conventillos, calificados de "mataderos humanos", en los cuales germinaban felices todas las bacterias que anidaban en los cuerpos con frío y que el pueblo arrendaba a un ojo de la cara a costa de hambre, hecho que levantaba las iras de sus habitantes, exigiendo rebaja y fin al alza de los cánones de arriendo y de los lanzamientos, así como su higienización como responsabilidad mínima de sus propietarios sedientos de lucro fácil. Los parlamentarios del Frente Popular presentaron al Congreso proyectos de ley de límite al cobre de arriendos y mientras el proyecto se encarpetaba son el sigilo de siempre, comenzaron a actuar los simples decretos del Comisariato ordenando la rebaja de los cánones de arriendo. Por su parte, Salvador Allende, a través del Ministerio de Salubridad, comenzó a intervenir en el problema de la vivienda popular, conocida

---

[53]   Salvador Allende, ibid., citado en M. A. Illanes, *Cuerpo y sangre de la política. La construcción histórica de las Visitadoras Sociales (1887-1940)*, Santiago: LOM ediciones, 2007, p. 415.

[54]   Hilda Vergara, "Madre y niño en situación jurídico-social irregular", citado en ibid., p. 416.

[55]   Teresa Poder, "La madre soltera y sus problemas", citado en ibid., p. 416.

causante de la mortalidad y morbilidad popular, proponiendo al Congreso un plan de emergencia (rebaja de los arriendos, préstamos a los propietarios para refaccionar las casas insalubres y construcción de habitaciones de emergencia estandarizadas), iniciando, al mismo tiempo, el primer plan de construcción de vivienda popular en Chile. El llamado "Plan de Emergencia del Dr. Allende" contemplaba la construcción de 23.000 casas definitivas por año y un plan de emergencia en la capital de construcción de 6.000 casas por año y de 3.000 casas en provincias, las que contarían con escuelas-talleres, escuelas infantiles, teatro, biblioteca, gimnasio, canchas: un mundo nuevo de vida sana y sociabilidad entretenida para el pueblo. Vasto plan que había de ser financiado, según el proyecto, por el beneficio y ganancia empresarial, lo cual levantó la resistencia de las derechas y las órdenes de lanzamiento judicial/policial, haciendo imperar el sagrado principio de propiedad.

Respecto de los 400.000 niños en edad escolar que vagaban en las calles o trabajaban, el gobierno del Frente Popular elaboró un Plan Educacional para absorberlos a las escuelas, creando más de 200 escuelas primarias a lo largo del país, duplicándose el profesorado y aumentando sustancialmente la asistencia alimentaria de desayuno de leche chocolatada y de vestuario, intentando cooptarlos por la vía de la protección a sus cuerpos y transformar su identidad de niños proletarios en niños escolares. No obstante, la guerra mundial y la carestía de la vida lanzarían irremediable y nuevamente a los niños a la calle hacia el año 1943, revirtiendo rápidamente aquella frágil nueva identidad de escolares por la de su destino proletario y vagabundo.

No solo era difícil estudiar para los/as niños/as que vivían en la calle y para quienes un "hogar constituido" era casi un lujo, sino también y muy especialmente, para muchas hijas del pueblo que sí lo tenían y que tenían que vencer, muchas veces y hasta fines de siglo XX, la resistencia de los propios padres, bajo cuyo permiso de estudio pendía su destino como un uso y abuso de potestad. Fue el caso de Magdalena, cuyo padre adoptivo la castigó por haber repetido el Octavo, destinándola a las labores de la casa... y luego que su madre le diera oportunidad de estudiar en el liceo nocturno, por el hecho de haberse retrasado un día en llegar a casa, entretenida por ahí, nuevamente el padre la castiga prohibiéndole la asistencia a dicho liceo. Y hasta ahí llegaron las posibilidades de estudiar de Magdalena González, mujer inteligente que ha luchado por sacar a sus hijos adelante hacia un mejor destino que a ella le estuvo vedado.

La madre soltera biológica de Magdalena fue, por esos años, a esconder su vientre al campo, escapando a la condena de una sociedad que descalificaba a las mujeres que se embarazaban fuera de la ley matrimonial. Hasta el día de hoy Magdalena no sabe quién es o fue su padre biológico, mientras una vez parida del vientre de su madre, esta la dio en adopción a una pareja de trabajadores de Piedra Blanca, sur de Chile, que trabajaba en los aserraderos de los Fried. Su padre adoptivo hacía el oficio de "bueyerista", tirador de maderos con bueyes, y su madre trabajaba dándoles pensión a los trabajadores del aserradero. El patrón prestaba la casa y ella hacía pan todos los días y les cocinaba solo legumbres. El menú variaba los sábados y domingo cuando se freía jarpas, que se sacaban aturdiéndolas a la orilla del río. "Mi madre lavaba a batea y escobillado. A mí me daba a lavar los calcetines de mi hermano y mi padre". Se secaba bajo techo y estufa a leña: "No conocí el gas hasta que me casé". Su madre hilaba a huso y tejía con lana cruda. "Mi mamá era puro trabajo, trabajo y trabajo y solo venía a Valdivia a comprar al Supermercado Las Brisas una vez al mes. Nunca pasó a darse un gusto. –'Nena, ahorra pa' comprarte una casa', le recomendaban las amigas. –'Ya te están envenenando la mente', comentaba su marido. Ella nunca vio un peso en el bolsillo; le pedía plata al marido". Para Nena no había descanso. ¡Cuántas veces estaba enferma, con dolores de estómago, de cabeza, náuseas! Nunca fue a ver médico. Murió a los 52 años por un cáncer al esófago.

Así, Magdalena se crió en el campo entre las faenas madereras, la cocinería de su madre y las veladas religioso-evangélicas de las que participaban activamente sus padres, recordando especialmente las vigilias nocturnas mensuales, a las que concurrían gentes que "aparecían de todos lados", congregándose en torno a los cantos y oraciones en el templo, con lecturas de la Biblia, testimonios de vida y sanaciones por medio de oraciones dirigidas a algún hermano enfermo, culminando con una fiesta de abundante comida y alegre sociabilidad. Magdalena pasaba el invierno en casa de su abuela, en Los Ulmos, donde asistió a la escuela hasta Cuarto básico y fue creciendo hermosa con su pelo largo, liso y ojos verdeados, rebelándose desde su temprana adolescencia contra las estrictas normas evangélicas que le imponía su padre y que le prohibía pintarse, llevar escote y usar blue jeans y zapatillas. Cuando "me llegó la regla, no me atrevía a llegar a la casa". La madre la mandó a trabajar a los 11-12-13 años a donde se mandaba a las niñas: al trabajo doméstico puertas adentro. Cuando su padre recibió el "apostolado", dejó el aserradero y pasaron a Valdivia, donde Magdalena retomó la escuela hasta Octavo básico, quedando repitente... el castigo del padre, como dijimos, fue prohibirle seguir estudiando. Magdalena, en plena adolescencia, hubo de ayudar a hacer las labores de casa; su madre, con su silenciosa inteligencia preocupada, le consiguió permiso para ir al liceo nocturno. Un día se retrasó en llegar a casa y de nuevo la castigó el padre: Magdalena debió abandonar el liceo. Luego del castigo del padre y del abandono obligado de su liceo nocturno, se hubo de quedar en casa, hasta que un día vino a visitarlos una tía, hermana de su padre, y "me pidió prestada". Se fue con ella a Santiago y fue la "nana" de la tía que estaba embarazada y que dio a luz en la Clínica Santa María. "Tenían buena situación económica". Sus primos la humillaban... y a veces le compraban algunas cosas. Cuando su madre la fue a ver en Navidad, no le gustó lo que estaba viviendo su hija y "me sacó de inmediato".

Magdalena conoció a su marido de 42 años en la iglesia. Él tenía casa propia; era rico al lado de ellos y era muy cariñoso con los suegros. Se casaron enamorados en 1982 y él se preocupaba de que no faltara nada en la casa; trabajaba en una laminadora de madera que exportaba a otros países. Pero era muy celoso, le pegaba. En una ocasión, quebró los vidrios de la casa; veía hombres por todas partes. Cuando Magdalena se compró una mini, se la hizo trizas. "Estuvimos en terapia de pareja. Llegaba a la casa y se transformaba y se ensañaba conmigo". Ella recurrió a la denuncia judicial, donde ganó el juicio de separación y tuición sobre sus cuatro hijos, el mayor de 12 años. Entonces comenzaron los problemas económicos: "Él me daba lo que quería", hasta que logró una pensión mínima ($55.000) por retención judicial. Ella entró a trabajar de nana y los niños quedaban solos, con mucha carga de responsabilidad para el hijo mayor. "Como él vio la violencia de su padre, a su vez castigaba a sus hermanos". "Que se vaya a vivir con su padre", dijo Magdalena; y el hijo se fue, sacándoselo en cara hasta el día de hoy. A ella la despidieron de su trabajo de nana por las llamadas telefónicas, y desde entonces ha trabajado en lo que sea, haciendo pololitos aquí y allá. Los hijos hombres estudiaron para técnicos agrícolas en un internado PHP (*People Help People*), cuya matrícula pagaban con una beca Presidente de la República y donde aprendieron los trabajos de campo y lechería. Las niñas fueron al Liceo Santa María la Blanca. "Todos los domingos tenía que tener sagradamente $3.000 para los pasajes de los niños a Panguipulli. Hoy el mayor trabaja y estudia en la noche técnico de mantención mecánico; el segundo, Ricardo, estudia agronomía en la UACH y Avia, la tercera, estudia ciencias biológicas en la misma universidad, ambos con el apoyo de Becas Presidente de la República. "Gracias a las becas estatales los niños han podido estudiar; de lo contrario, habría sido imposible. Hemos sobrevivido con la ayuda del Estado".

Sus hijos estimularon a Magdalena a terminar sus estudios secundarios en la noche. "Entonces la Cathy, la menor, quedó sola; resultado: una nieta, la Maite", la que hoy es la alegría familiar, que los ha unido como familia y a la cual la abuela Magdalena cuida en las tardes de los días de semana, mientras su hija trabaja en el *mall* para sustentar a su guagua; el padre, un joven estudiante universitario, no la apoya económicamente, "por eso la Cathy se ha tenido que postergar en los estudios". Magdalena tiene una nueva pareja con la que pasa los fines de semana en Collico. "Él me ayuda con una cierta cantidad, pero a mí no me gusta que me pida cuentas. Yo hago lo que quiero con esa plata; por ahí comienzan los problemas. Mi pareja a veces no quiere entender que esté en ambas partes; quiere una dueña de casa tiempo completo. Pero ahora yo me he puesto más rebelde... y se está dando cuenta...".

Avia, la mayor de las mujeres, reconoce que fue muy difícil la separación porque, aunque ellos impulsaron la denuncia judicial por el maltrato a su madre, después que el padre se fue, terminó el maltrato, pero comenzaron los problemas económicos. "Cuando mi mamá trabajaba, nos turnábamos para hacer las cosas de la casa", con el reparto cotidiano de tareas a través del 'juego de los papelitos' que la mamá tiraba al aire y que incluía *descansos* y *vale otro.* "A veces llegaba cansada –comenta Magdalena– y no habían hecho nada y me enfurecía y les pegaba"; pero al día siguiente venía el sentido de culpa y llegaba con un chocolate para amistarse. En siete años no vieron al padre; solo unos pocos llamados. El Estado siempre les ayudó en los estudios secundarios, pero había que tener dinero para la mantención, los uniformes, los útiles. Hoy el Estado les permite estudiar a su hermano Ricardo y a ella en la universidad: 90% de beca Presidente de la República. Avia trabaja en el verano para pagarse el 10% restante. "Los buenos amigos prestan la plata para las fotocopias". Avia se siente orgullosa de su familia y de su madre, "porque ella no tuvo la facilidad que nosotros tenemos ahora. Nuestra única responsabilidad es salir adelante con esta oportunidad que nos da la vida de una carrera que nos gusta, nos motiva". Avia pertenece a una agrupación de prevención de alcohol y drogas y trabaja con los niños de la Población Pablo Neruda. Aunque se declara cristiana, ya no está en la iglesia evangélica de su abuelo: "Jesús está en la gente, en los niños". Avia no aspira a tener cosas, lujos materiales, "me interesa más ayudar a mi familia, a mi mamá, a mi sobrina. El hecho de ser primera generación profesional es más difícil, a la Maite le será más fácil; ella va para allá". Avia no cree mucho en el matrimonio; no es necesario, dice, firmar un papel para que a una la amen. Más que proyectarse en una familia, "me proyecto más en mi profesión; tener una familia, tener hijos, no es mi prioridad". Pero le encantan los niños... "me gustaría adoptar, el hecho de que mi mamá haya sido adoptada..." (En el curso del desarrollo de esta historia, Avia ha quedado esperando un hijo: su natural preocupación de madre soltera y estudiante se transformó en felicidad cuando su madre Magdalena y sus profesores universitarios le manifestaron su total apoyo).[56]

Qué duda cabe, en los años treinta del siglo XX, como denunciaba el MEMCH, Magdalena habría andado por la calle arrastrando a sus cuatro hijos, luchando por su supervivencia, con los nervios destrozados, sin ninguna ayuda estatal, judicial o educacional para sus hijos. Gracias a la conciencia crítica y el apoyo de tantos, entre ellos muy especialmente del MEMCH, de las asistentes sociales, de las organizaciones civiles de distinto rostro y, especialmente, gracias a los proyectos políticos que en el siglo XX no vacilaron en comprometer al Estado con el destino del pueblo, las nuevas generaciones de madres e hijas se han ido, en gran medida, emancipando.

---

[56]   Entrevista a Magdalena Méndez y Avia González Méndez en torno a una mesa de once un sábado de abril de 2008 en mi casa en Valdivia, mientras Maite daba vueltas juguetona; entrevista que agradezco y aprecio.

6. La *mujer nueva* y los derechos políticos (años de 1940). La historia de María

Violeta Parra

A pesar de que el corazón del programa y de la lucha del MEMCH era de carácter "social" (como ellas mismas lo calificaban), dirigido principalmente a la denuncia y propuestas de mejoramiento de las condiciones de vida y trabajo de las mujeres proletarias y sus hijos –lo cual fue, sin duda, el problema clave y más grave de la sociedad chilena durante el siglo XX–, en el primer punto de su Programa pro-emancipación de las mujeres, el MEMCH se plantea "por el reconocimiento amplio de los derechos políticos de la mujer". Cómo no, si lo social es inseparable de todo ordenamiento político y las mujeres chilenas casi no participaban de aquel influjo mínimo que se puede tener sobre dicho ordenamiento: el derecho a votar por los representantes de la nación. Derecho a sufragio que, por entonces, se estaba convirtiendo en un dolor de cabeza para la izquierda chilena.

Como se sabe, los movimientos femeninos sufragistas venían alcanzando mucha fuerza desde principios del siglo XX en el mundo europeo y americano. En Chile, como gran concesión, se dio derecho a las mujeres a votar y ser elegidas en el gobierno municipal en 1934, durante el gobierno de Arturo Alessandri.[57] Esto, a modo de prueba, tanteando los políticos de todas las tiendas hacia qué lado se inclinaban las mujeres

---

[57] Ley nº 5357 sobre Elecciones Municipales.

chilenas en su voto, lo que no tardó en hacerse visible: el primer voto de las mujeres que sufragaron (que no fueron muchas), en las elecciones municipales de 1935 se inclinaba hacia la derecha: "De las 98 mujeres que se presentaron como candidatas, de las cuales triunfaron solo 25, 16 de ellas estaban vinculadas al Partido Conservador. Las restantes elegidas fueron cinco liberales, dos radicales, una demócrata y una independiente".[58] Aplauso en la derecha, desconfianza en la izquierda hacia las mujeres, gritando con impotencia uno de ellos en una asamblea que "¡la mujer está hecha para la reacción!".[59]

La cuestión del "voto femenino" se convirtió en un tema político relevante al momento de formarse y avanzar las fuerzas del Frente Popular en Chile, fórmula de coalición de centro-izquierda que había llegado al gobierno en España y Francia con un programa de reformas estructurales. Ante la conformación y clara avanzada frentista el año 1936 en Chile, la derecha comenzó a vislumbrar la posibilidad de echar mano a su acostumbrada política de género femenino en tiempo de crisis: esta vez, el otorgamiento del voto a la mujer, lo que podía construir una contundente barricada al avance de la izquierda. A partir de este momento y con más urgencia que nunca, la cuestión del "voto femenino" se convirtió en un problema decisivo al momento de medir la correlación de fuerzas en el país y de definir el rumbo del orden socio-político chileno. El "voto femenino" se convirtió en un punto de apoyo para la derecha y en un grave problema para la izquierda: aunque sus principios políticos le llamaban a otorgar el voto femenino, claramente no le convenía, menos en estos momentos de avance del Frente Popular.

Ante esta situación, el MEMCH levanta su voz y difunde su escritura, dictando pautas y caminos a seguir a los atribulados hombres ciudadanos de la izquierda. La *mujer nueva* saca su escritura de su trinchera periodística propia y escribe en la de los hombres: el periódico *Frente Popular*, expresándoles los motivos que, a su juicio, explicaban el voto derechista de las mujeres populares: que "ese miedo irrazonado a cualquier cambio" no era sino "producto de la dificultad que tiene para asegurar su pedazo de pan", mientras eran los propios señores frente-populares los que estimulaban el derechismo de las mujeres acomodadas al desearlas domésticas, dóciles y devotas.[60] La posición del MEMCH es clara al respecto: es "posible conciliar el izquierdismo con el voto femenino, si se hiciera alguna labor en este sentido". No obstante, critican, los partidos de izquierda no hacían nada al respecto y preferían, como el avestruz, esconder la cabeza en su plumaje para no ver ni oír: "Ojalá cuando la saquen no se encuentren con que ya se le ha dado el voto a la mujer, así como así, sin más orientación que la

---

[58]   E. Gaviola, X. Jiles, L. Lopresti, C. Rojas, *Queremos votar en las próximas elecciones. Historia del movimiento sufragista chileno, 1913-1952*, Santiago: LOM ediciones, 2007, p. 100.

[59]   M. V., "¿Quién es el reaccionario?", *La Mujer Nueva*, julio, 1936, p. 7.

[60]   Ibid.

que hoy tiene", les advierte la *mujer nueva*. Y les señala el camino: la necesidad de organizar a las mujeres en los distintas orgánicas del Frente Popular, tanto en la capital como en provincias, identificando al frentismo con la lucha por sus más sentidas y urgentes reivindicaciones sociales, evitando utilizarlas como mera clientela electoral.[61]

Hacia esta dirección se dirigió también la lucha del MEMCH, tomando la delantera en la concientización política de las mujeres, con anterioridad a la ley de voto femenino general. Esta lucha social, política, ideológica y cultural llevada a cabo esos años por la *mujer nueva* y el MEMCH no encontraba descanso, organizando concentraciones en teatros y conferencias educativas en sus consultorios poblacionales y centros, y especialmente por medio de su periódico que circulaba ampliamente. A través de todas estas instancias, la Mujer Nueva, y a pesar de su declarado "apoliticismo" primero, decide dar el salto hacia la educación política de la mujer, rompiendo ambigüedades y neutralidades y tomando la iniciativa en la concientización de las mujeres hacia una decidida opción por la izquierda y el Frente Popular, intentando sustraerla del influjo de la derecha:

Compañera: en febrero (1937) se llevará a efecto en el país una lucha electoral. Aunque la mujer chilena se ha mantenido hasta ahora alejada de la política y de las luchas de partidos, el MEMCH previene a sus miembros y a todas las mujeres que esta batalla que se avecina es de tal importancia, que de la victoria de las DERECHAS o IZQUIERDAS depende el entierro o la liberación de la personalidad de la mujer chilena. / Examinemos, compañeras, la labor de los gobiernos de derechas a favor de la mujer y el niño: debemos a las derechas algunas leyes de protección que una vez aplicadas no han servido más que para esgrimirlas en contra de nosotras, como ha sucedido, por ejemplo, con la reciente Ley de Empleados Particulares.[62] También debemos a las derechas el conventillo, el exantemático, la cesantía, toda clase de trabas jurídicas para impedir a la mujer la ejercitación de sus escasos derechos civiles. Les debemos también el desprecio por la mujer caída, la violencia de los poderosos, la restricción de las libertades públicas y el narcotizante de las soluciones espirituales con que tratan de opiar los cerebros y acallar la voz de las mujeres. / Las izquierdas coaligadas contemplan en sus programas nuestro propio Programa de reivindicaciones; nos sentimos, pues, unidas a las izquierdas por afinidad de principios.

Compañeras: abandonemos ese papel de indiferentes y neutrales, escuchemos los pasos sigilosos del monstruo, preparémonos a evitar los dolores y la sangre de los nuestros y construyamos nosotras mismas el porvenir mejor que merecemos/ Valoricémonos como el sexo creador, campo de fecundidad, bendición de frutos perfectos. / Tomad vuestras posiciones para salvar la responsabilidad histórica de la mujer en estos momentos. Acorazaos de dominio, honradez y serenidad y, así armadas, abordad las elecciones del 7 de marzo exhortando a vuestros compañeros, IMPIDIENDO EL COHECHO, no

---

[61]   "El triunfo del Frente Popular y el voto femenino", *La Mujer Nueva*, mayo 1936, p. 3.

[62]   Que fijó un sueldo 20% inferior a las mujeres respecto del de los hombres.

escatimando voz ni sacrificios personales por obtener el triunfo electoral de la fuerza que hoy por hoy son las únicas que desean una mujer de tal envergadura material y espiritual que merezca ser llamada MUJER creadora y guardiana de la felicidad humana".[63]

A través de este importante párrafo, el MEMCH y *La Mujer Nueva* asumen, como decíamos, el desafío histórico de la educación y concientización política de las mujeres en esa hora histórica, y para ello se desnudan de sus propios velos políticos y entran en el debate programático desde la dicotomía política derecha-izquierda, adscribiéndose a esta última, en tanto ambas (la "izquierda y el MEMCH) serían "una misma", unida por profundos lazos "de principios", mientras entra a desenmascarar a la derecha desde la perspectiva de la crítica social a su historial gubernativo. Una opción osada y valiente que va a contribuir decisivamente a sumar fuerzas al Frente Popular que llegará al gobierno en 1938, a pesar de que al propio MEMCH le costará, en el mediano plazo, su división interna y su propio debilitamiento y desperfilamiento como el movimiento más potente e importante de la historia social de las mujeres chilenas. A pesar de este alto costo, ellas estaban dispuestas al sacrificio de su semineutralidad y tenían razón: Chile entraba, en esos momentos, en un camino histórico decisivo, donde se jugaba, en importante medida, el régimen de ordenamiento mismo de la sociedad chilena, abriéndose la posibilidad de sustitución progresiva del dominio oligárquico en Chile a través de un nuevo pacto de compromiso Estado-pueblo. De hecho y como ya lo hemos expuesto en este y otros trabajos, la gran obra del médico socialista Salvador Allende desde el Ministerio de Salubridad en el gobierno del Frente Popular, significó un giro histórico respecto del carácter del Estado al definirse y reconstruirse en función de este compromiso con el pueblo y, muy especialmente, con la mujer y el niño chilenos.

No solo el gobierno del Frente Popular manifestó abiertamente su compromiso con el cuidado del cuerpo de las mujeres del pueblo y sus hijos, sino que recurrió crecientemente a las mujeres profesionales, especialmente asistentes sociales, para el ejercicio de su proyecto político a través de la política social. El "pueblo chileno", fundamento para un nuevo pacto social y para la refundación del Estado en el Frente Popular, estaba en la miseria, en la cesantía y a la expectativa de los cambios...; un pacto sin duda frágil y políticamente condicionado. Se vivía un tiempo de crisis mundial y de transición política nacional que requería, una vez más, de una política de género: el Estado quiso crear y contar con sus propias mujeres para la captación del pueblo; sus propias visitadoras sociales. Urgía, por lo demás, competir con la derecha benefactora que, aliada con la Escuela de Servicio Social de la Universidad Católica, había lanzado, desde 1936, a campos y fábricas a decenas de visitadoras sociales a captar al pueblo insatisfecho, intentando restarlo al Frente Popular. Como resultado de esta competencia política por las mujeres, se produce un pacto entre el presidente de la Asociación

---

[63]   *La Mujer Nueva*, Santiago, febrero de 1937, p. 3.

Chilena de Asistencia Social, Dr. Lucio Córdoba, y el ministro de Educación radical Juan Antonio Irribarren, con el fin de crear nuevas Escuelas de Visitadoras Sociales, con una impronta claramente laica y dependientes directamente del Estado a través del Ministerio de Educación. Flamantes escuelas surgieron al alero de dicho Ministerio en Santiago, Concepción y otras ciudades, portando el sello del Estado y luciendo un modernizado nombre: Asistentes Sociales. Su misión: 'readaptar a los individuos a la sociedad'. "Las Escuelas que funde el Estado deben seguir la ruta de la de los demás países y tener el sentido de mejoramiento social, cuyo programa está contenido en estas dos palabras gratas siempre al corazón de la mujer: SERVIR y EDUCAR".[64] En lo inmediato, decenas de visitadoras sociales de la Escuela de Servicio Social de la Beneficencia se integraron a trabajar a la Dirección General de Auxilio Social del Estado, creada en 1942 y dependiente del Ministerio del Interior y cuya misión era "atender todo lo relacionado con catástrofes que ocurren en el país (...). Para la atención de este rubro hay (...) visitadoras sociales especialmente capacitadas en la materia y prontas a salir de inmediato a prestar la ayuda que sea necesaria". Además de la catástrofe provocada por el terremoto del 39, la principal tarea de la hora era trabajar la emergencia social creada por la cesantía a raíz de la paralización de las salitreras por la crisis provocada por la guerra mundial.[65]

Así, si tanto la derecha política como la política estatal del Frente Popular estaban recurriendo a las mujeres profesionales en su disputa por socorrer y ganarse al pueblo, es decir, si las mujeres profesionales estaban ejerciendo Política (con mayúscula), ¿cómo no concederles el derecho de voto, un derecho político? La contradicción tendía a ponerse en movimiento y a instalarse de lleno en el seno de la historia.

El MEMCH no estaba seguro de la conveniencia de dar el paso hacia el voto político nacional femenino. La coherencia con sus principios de defensa e igualdad de los derechos de las mujeres lo impulsaba a luchar por dicho derecho a voto; no obstante, la comprobada abrumadora mayoría conservadora del voto femenino municipal, tanto en las elecciones de 1935 como en las de 1938,[66] las hacía dudar de la histórica

---

[64]   Lucio Córdova, "Posibilidades de mejoramiento social en Chile", Asociación Chilena de Asistencia Social, Santiago, 1940, citado en M. A. Illanes, *En el nombre del pueblo, del estado y de la ciencia...*, Colectivo Atención Primaria, Santiago, 1993, p. 345.

[65]   Elena Yávar, "Dirección General de Auxilio Social del Estado", en *Servicio Social*, año XVIII, N° 2 mayo-agosto 1944, pp. 31-35.

[66]   A través de la publicación de un gráfico acerca de la "distribución de las fuerzas femeninas por partido", *La Mujer Nueva* revelaba en una escala de 0 a 40, que las fuerzas femeninas en las elecciones de 1938 se había inclinado absolutamente a favor de los partidos de derecha: su opción por el partido Conservador alcanzaba el máximo (40), mientras el Liberal se aproximaba al 20, las "independientes" al 15 y el Partido Nacional Socialista al 5 en la escala de opción de voto femenino municipal. La opción de voto de las mujeres por la coalición de gobierno era muy minoritaria: su voto por el Partido Radical alcanzaba al 15, el Partido Socialista el 5 y el Comunista el 2,5 en la escala de votación elaborada por

reivindicación de ese derecho, ante la necesidad de resguardar la integridad política del gobierno encabezado por Aguirre Cerda. Esta duda quedó de manifiesto al incorporar el "voto político" en la agenda temática del Segundo Congreso Nacional del Movimiento Pro-emancipación de las mujeres de Chile, convocado para octubre de 1941: "Voto político. Conveniencia o inconveniencia de establecerlo por el Congreso de 1941. En caso afirmativo, acordar métodos para obtenerlo de dicho Congreso y para asegurarse de que su uso no beneficiará a la Reacción para recuperar el poder".[67]

Dicho Segundo Congreso fue inaugurado el domingo 27 de octubre de 1940 en el Salón de Honor de la Universidad de Chile, al son del Himno del MEMCH y de emotivos discursos inaugurales, seguidos de la cuenta-memoria del Movimiento. "Concurrieron 110 delegadas de 44 comités enclavados entre Arica y Magallanes". Formadas las comisiones, Hilda Valderrama actuó de relatora del grupo que trató el tema del "voto político femenino". En sus conclusiones se planteaba "pedir el reconocimiento de los derechos políticos de la mujer chilena en condiciones de absoluta igualdad respecto del hombre", encomendando al Comité Ejecutivo Nacional del MEMCH "la redacción de un proyecto de ley que conceda el voto político a la mujer", recomendando "el estudio de los antecedentes que, dentro de nuestra realidad nacional, demuestre la conveniencia del voto político femenino". Declara, al mismo tiempo, "que esta igualdad de derechos políticos debe obtenerse en lucha de la propia mujer y que el MEMCH tiene la certeza de ser comprendido y ayudado por todas las fuerzas progresistas en la lucha de sus mujeres"; así, plantea "realizar con las demás organizaciones femeninas interesadas en la obtención del voto, el trabajo necesario para conseguirlo y para capacitar a las mujeres en forma que hagan uso de este derecho de modo consciente y eficiente".[68] Como vemos, las mujeres del MEMCH optaron por la consecuencia con sus principios, a pesar del delicado momento político que se vivía en el país y de la arremetida del fascismo y la guerra en Europa.

Al finalizar el año 40, el presidente Pedro Aguirre dirigió, en carta abierta enviada a la prensa, una solicitud al Ministerio del Interior para la redacción de un proyecto de ley sobre voto político femenino, en cumplimiento a una de las promesas de su campaña. Fue el momento en que el MEMCH tomó su lugar, respondiendo, a su vez, en carta abierta al Presidente y levantando su propio Proyecto de Ley sobre Voto Político Femenino.

---

el MEMCH. Estas cifras se comparan con la opción de voto de las mujeres en las elecciones municipales de 1935, revelándose una disminución de las "independientes" y un aumento de la opción por el Partido Conservador. "Motivo de reflexión. Distribución de las fuerzas femeninas por partido", *La Mujer Nueva*, N° 25, Santiago, septiembre 1940, p. 7.

[67] *La Mujer Nueva*, ibid., p. 5.

[68] Ibid., Año III, N° 27, febrero 1941.

"Santiago, 4 de enero, 1941
Sr. Presidente de la República
<u>*Presente*</u>

Excelentísimo Sr.,
(...) El Movimiento Pro-Emancipación de las Mujeres (MEMCH) ha visto con extraordinaria
satisfacción este nuevo paso de V.E. hacia el cumplimiento de la promesa de otorgar a
la mujer igualdad de derechos con el hombre (...) (en vista) de incorporar a la mujer a
todas las actividades de la vida nacional". Que el MEMCH sostenía igual postulado en su
Declaración de Principios y en sus Congresos, estampando en esta carta las conclusiones
del Congreso de octubre del 40, manifestando la esperanza de que el consciente ejercicio
de este derecho lleve al país "a una etapa de verdadera paz y justicia social inherente a
la naturaleza femenina que repugna la muerte y la miseria del niño y del hombre, fines
vitales de la mujer".[69]

Y, manifestándole la gran fuerza social y organizativa del MEMCH y de su espíritu de lucha y compromiso con los derechos y reivindicaciones de las mujeres, el firmante Comité Ejecutivo Nacional del MEMCH, saca a luz el Proyecto de Ley sobre Voto Político Femenino redactado por la mano de Elena Caffarena, cuyos artículos principales dicen:

Art. 1. Modifícase la Ley 5357 del 15 de enero de 1934 (...)

A. Cámbiese la denominación "REGISTRO GENERAL DE VARONES" de los artículos 5, 9, 38, por la de "REGISTRO GENERAL" únicamente.

B. Suprímase la palabra "VARONES" del artículo 18 (...)

C. (...)

D. Suprímase la frase del artículo 59 "LAS MUJERES PODRÁN TAMBIÉN SER ELE-GIDAS", a fin de evitar que su subsistencia pueda ser interpretada como impedimento para su elegibilidad como diputado, senador o Presidente de la República, puesto que el ánimo del legislador es establecer la absoluta igualdad entre el hombre y la mujer, eliminando toda diferencia derivada del sexo". (...).[70]

Con emoción, sin duda, el MEMCH daba a conocer al país este proyecto de ley que, redactado por sus propias manos, era, en importante medida, fruto de sus luchas y que representaba una de sus más sentidas e importantes reivindicaciones. Había llegado la hora de aprobar el texto de los derechos políticos de la mujer chilena. No obstante, la *mujer nueva* explicita claramente que aún quedaban muchas banderas por las cuales luchar, especialmente todas aquellas relacionadas con las condiciones de vida y trabajo de las mujeres madres y trabajadoras. Su feminismo social era su gran bandera de lucha de largo aliento y sin respiro.

---

[69]   *La Mujer Nueva*, Año III, Nº 27, Santiago, febrero, 1941, p. 7.

[70]   Ibid., p. 8.

A pesar de la certeza de que la hora del voto femenino estaba *ad portas*, esta hora no llegó en lo inmediato. Junto con el sueño eterno de Pedro Aguirre Cerda, durmió varios años el proyecto de voto femenino en el Congreso. Proyecto que fue desencarpetado y finalmente aprobado el 14 de enero de 1949 (Ley Nº 9.292) en el gobierno radical de Gabriel González Videla, quien le dio carácter de urgencia a dicho proyecto de voto femenino a pocos meses de dictar su famosa Ley de Defensa Permanente de la Democracia, "ley muy maldita", que proscribió legalmente al comunismo chileno en nombre de una supuesta "defensa de la democracia". De este modo, la ley del voto femenino salió a la luz en días negros de la política chilena y cuando, una vez más, el gobierno de los caballeros decidió recurrir a una política de género para tapar contradicciones y limpiar la mancha negra del autoritarismo y la dictadura en plena República. No obstante, a partir de enero de ese año 1949, las mujeres/nuevas comenzaron a nacer como ciudadanas. Sin embargo, mala jugada esta de tapar lo podrido con lo fresco y las malas acciones de los varones políticos con la "nueva savia" de las mujeres. Porque a pesar de la ley del voto femenino, la ley maldita siguió siendo "muy maldita": doblemente maldita por tapar su negación al derecho ciudadano, con el tan merecido y tan luchado derecho ciudadano de las mujeres. María Cornejo pudo vivir en carne propia esta profunda contradicción política de la hora en Chile.

Aventajada estudiante de leyes, el año 1947 –gobierno de González Videla– María Cornejo, "muy independiente... algo raro en esa época", se casaba, antes de titularse, con el joven contador San Benito, proveniente de Chillán. La madre de María Cornejo había sido dueña de casa y para separarse de ella, su marido, de oficio comerciante, la mandó a vivir a la costa, a Quintero, acompañada de una prima. Por su parte, su hija María, muy segura de sí misma, tomó su propio destino. María y San Benito eran militantes comunistas "de corazón", empapados con la esperanza de prometedores tiempos de cambio social en el país. María "tenía una personalidad especial... muy parada, no se pintaba...". Adelantándose al tiempo común de las mujeres, durante el gobierno de González Videla, María, muy joven, fue electa regidora de San Miguel, dejando los pies entre la calle, las casas de los pobladores y el municipio, realizando las mil tareas de su cargo con un fuerte sentido social. Vivían en una parcela, bella de nogales y ciruelos, en el paradero 9 1/2 de San Miguel, donde invitaban a muchos amigos. María tenía una oficina de abogado en la casa, donde no cobraba, y otra en el centro. Hoy una placa la recuerda en el paradero 11 de Gran Avenida. Bien peleadora, dedicada a lo civil, María "no sabía cocinar nada...".

Ya tenían su primera hija cuando la "ley maldita" les cayó sobre la mesa; no obstante, como mujer, María obtuvo el derecho a voto político que, como comunista, no podía ejercer: ella era, así, víctima de la esquizofrenia del sistema republicano chileno. María fue perseguida y detenida. A San Benito "lo echaron de la pega, no podía hacer nada... pero por contactos de mi mamá, le dieron trabajo en la biblioteca de la

Universidad de Chile", relata Eleonor, su hija. "Mi madre era muy activa y trabajaba mucho, en su oficina de abogado, en la población cercana a donde vivíamos, en el Llano Subercaseaux", pero, a pesar de ser *mujer nueva*, liberada, profesional, en su relación de pareja "siempre hubo machismo, porque mi madre era machista y a nosotras nos educó en forma machista. Siempre la presa más grande era para el papá; mi hermano no tenía que hacer nada en la casa...".

La narración de Eleonor revela cómo la emancipación de muchas mujeres de clase media por la vía profesional y laboral, en donde ellas despertaron y desplegaron todas sus capacidades y energías en el servicio a la comunidad, no alcanzaba a tocar entonces el nervio de sus relaciones de pareja y familiares. Como consecuencia, el orden familiar se mantenía incólume, reproduciendo familias tradicionales con un alto costo para la mujer-madre, la que debía saber conjugar, con maestría, su triple identidad de dueña de casa, de profesional y de militante, sin perder su femineidad y su "machismo", condición del éxito de su proyecto. Para poder realizarse en este triple campo de acción, la madre de Eleonor era una mujer "modernizada" respecto del uso en su casa de toda la maquinaria de ayuda doméstica posible de adquirir en la época (María no solo tenía máquina lavadora, sino también una secadora) y, al mismo tiempo, debía contar en forma insustituible, como tradicionalmente lo hacían los hogares de clase media y alta chilena, con la ayuda de empleadas domésticas, las que eran, en definitiva, el puntal práctico del funcionamiento de la familia y de la posibilidad del desempeño laboral y profesional de la madre. Así se fue desarrollando la vida de la pareja y familia San Benito Cornejo durante las décadas que siguieron, comprometiéndose la pareja, como buenos militantes comunistas, en el proceso de cambio político que vivió el país hasta el gobierno de Salvador Allende. Entonces, como siempre y más que nunca, la casa de María Cornejo se convirtió en un atractivo e interesante lugar de encuentro y de conversación política sobre los acontecimientos de la hora. "En mi casa –comenta Eleonor– se recibía a Teitelboim, a Cademártori... mi madre encontró en el P.C. a una familia, se entregó completamente... Para nosotras, sus hijas, ella era una tipa de mucho temple... pero era muy cálida y guaguatera con nosotras... almorzaba en la casa". Cuando sobrevino el golpe militar de 1973, el hogar de los San Benito fue violentamente allanado, el padre estuvo en el Estadio Nacional y la familia hubo de salir al exilio hacia Argentina, donde estuvieron desde el 73 al 90. Luego de treinta años de matrimonio, la pareja se separó y la casa de San Miguel se vendió.

María encarna, a nuestro juicio, a la *mujer nueva* por excelencia: profesional, madre, militante, comprometida socialmente, capaz de asumir cargos públicos, convencida de su ser sujeto en la construcción y transformación de la sociedad. Asumió por sí misma y en lo inmediato de su juventud, un proceso de transformación de roles de género a nivel público; a nivel privado y con el fin de no vulnerar el modelo tradicional de "hacer hogar", recurrió a la ayuda de otras mujeres y de la tecnología moderna. María, en la década del 50, es una "adelantada", a nuestro juicio, a la opción que asumió la generación posterior de mujeres de los años setenta. La memoria de su vida, de su compromiso y su trabajo, así como la de las dirigentas y militantes del MEMCH, junto a otras *mujeres/nuevas* de la medianía del siglo XX, merece ser rescatada por su valor en sí misma; también en cuanto manifestación de la importancia de asumir la construcción de un proyecto de vida y de sociedad que tienda a desarrollar y fortalecer nuestro sujeto, a nivel colectivo y personal, aun cuando las condiciones históricas no estén plenamente dadas.

7. La progresiva apertura de las mujeres de la clase trabajadora a la sociedad del conocimiento. La normalista artista Fresia y las maestras rurales Maudelina y Marta poeta

Hay una fiesta en la Gloria
y un llorar aquí en la tierra,
como si una grande guerra
haya manchado la historia;
jamás de nuestra memoria
has de borrarte, Gabriela;
los niños de las escuelas
ya no tienen su madrina:
la Providencia Divina
se llevó la flor más bella.

Violeta Parra

Cuando yo he hecho una clase hermosa, me quedo más feliz que el Miguel Ángel después del Moisés. Verdad es que mi clase se desvaneció como un celaje, pero es solo en apariencia. Mi clase quedó como una saeta de oro, atravesada en el alma siquiera de una alumna. En la vida de ella mi clase se volverá a oír, yo lo sé. Ni el mármol es más duradero que este soplo de aliento si es puro e intenso.

Gabriela Mistral

En un lapso de más de tres generaciones, las mujeres chilenas de todos los estratos sociales se fueron incorporando progresivamente y en forma cada vez más masiva a la educación y a los distintos campos del saber. Los autores M. Loreto Egaña, Iván Núñez y Cecilia Salinas han mostrado, en su estudio *La educación primaria en Chile: 1860-1930* (2003), el sostenido aumento durante el siglo XX de la matrícula de niñas en la educación primaria, superando a la matrícula de niños. Asimismo, dicha obra revela la progresiva femenización de la profesión de educadoras, oficio que los grupos legisladores apoyaron no solo en tanto la docencia femenina podría soportar los exiguos salarios del preceptorado, sino porque los hombres tendían a desertar de ese oficio. Se consideró, asimismo, que dicho oficio de profesora era un trabajo digno para mujeres en tanto especialmente idóneas para la formación de los niños del país. En 1915, el 75% de las docentes de instrucción primaria eran mujeres –entre ellas, nuestra gran Gabriela Mistral– avanzándose en su proceso de profesionalización en las Escuelas Normales estatales, como en algunas dependientes de la iglesia, para cuyo ingreso se necesitaba únicamente haber cursado la educación primaria.[71]

Las preceptoras chilenas de las primeras décadas del siglo XX, llevaban una pesada carga bajo sus hombros y constituyeron un gremio de trabajadoras que, siguiendo la tradición asociativa de la clase trabajadora en general, tendió a organizarse en gremios y asociaciones mutuales. En Santiago, en 1903, se creó la Sociedad de Profesores de Instrucción Primaria, que "se ocupó de mantener un fondo común formado por las cuotas de los asociados que financiaba un mausoleo, el pago de una cuota a los deudos de los socios o socias fallecidas y ayudas financieras en caso de enfermedad. En su calidad de entidad mutualista, se orientó también hacia la sociabilidad y recreación de sus miembros, manteniendo un 'hogar social' y desarrollando actividades culturales, recreativas y deportivas".[72] Si bien la directiva de esta sociedad mutual estaba conformada por profesores varones, la mayoría de su base social eran mujeres profesoras, en tanto que ellas constituían la gran fuerza laboral del preceptorado del país. A esa asociación siguieron otras dos organizaciones de profesores, la Federación de Profesores de Instrucción Primaria (1915), con un carácter más politizado que la anterior y en la que actuó la madre de Clotario Blest, Leopoldina Riffo, entre muchas entusiastas educadoras, y la Asociación General de Profesores de Chile (1922); esta última, combinando la función mutual y reivindicativa, formó relevantes figuras femeninas como dirigentes gremiales, tales como la preceptora Ernestina Bustos, entre muchas otras, las que participaron con gran protagonismo en lo gremial y, desde la perspectiva de las relaciones de género, supieron crear relaciones horizontales mixtas, de compañeras y compañeros, de profesores y profesoras, tanto a nivel directivo como de base en el seno de sus organizaciones, participando muy activamente en las luchas sociales, educacionales, políticas y feministas que se estaban llevando a cabo en el país en los años 20-30. Simultáneamente, en el órgano de expresión del magisterio, el periódico *Nuevos Rumbos* (1923-1926), se textualizaron las demandas, denuncias, proyectos, idearios y acciones de las y los profesores de Chile, quienes reivindicaron en sus páginas a los sectores populares del país y especialmente la situación de aquellos alumnos que acudían a las escuelas en precarias condiciones de subsistencia.

Nunca será suficiente remarcar el notable esfuerzo, vocación y dedicación con que se entregaron históricamente a sus labores los maestros de las escuelas primarias

---

71   M. Loreto Egaña, Iván Núñez, Cecilia Salinas, *La educación primaria en Chile: 1860-1930. Una aventura de niñas y maestras*, Santiago: LOM/PIIE, 2003, pp. 133-140.

72   Ibid., pp. 141-142.

y liceos de Chile y América Latina desde principios de siglo XX hasta la actualidad. Entre 40 y 50 alumnos por sala, a menudo con hambre y frío, desordenados, como animalillos encerrados en jaulas, a los que una reprimenda o una anotación poco les calma, debiendo hacer sobrehumanos esfuerzos para estimular su aprendizaje con rudimentarios recursos pedagógicos. El gran despliegue de energías de tantos maestros altruistas se iba desgastando con el bajo salario y el olvido social de la dignidad e importancia de su misión. No obstante, la vocación, la energía inagotable y el compromiso cotidiano con las vidas de sus niños, les ha permitido siempre a los maestros sortear la ingratitud social. Falta sembrar las calles de estatuas a su figura, como justo reconocimiento a su trabajo y a la memoria de miles de maestros sobre los cuales la sociedad ha pretendido cargar el peso de sus hijos. Valga esta historia como un pequeño monumento a ellos y a Fresia, la maestra-artista de tantos lugares de Chile...

En 1910 Chillán era apenas un poblado con algunas calles empedradas, el resto solo lucían la tierra seca y polvorienta en verano y los barriales en invierno. Algunos inmigrantes españoles, palestinos e italianos intentaban levantar pequeñas fábricas de cecinas, curtiembres, talabarterías, calzado y tiendas varias.

En Febrero de aquel año una pareja de jóvenes, Pedro de 21 y Flora de 19, deciden unir sus precarias vidas con la absoluta desaprobación familiar. A él, un inteligente aprendiz de artesano del calzado, le correspondía, como hijo mayor, mantener a su madre viuda y a sus hermanos menores. Ella, una joven pequeña, delgada, frágil y de aparente vulnerabilidad, también debía hacer su aporte económico al hogar compuesto mayoritariamente por mujeres. Flora apareció un día por la fábrica para aprender el oficio de aparadora de calzado. Las miradas se cruzaron y pronto el amor se cristalizó en un matrimonio largo y extraordinariamente fértil. Al año nació el primer hijo, un individuo pequeño, descaderado y enfermizo que durante el primer invierno de vida fue atacado por la meningitis, que lo dejaría sordomudo para siempre. Ciertamente, no fue el hijo mayor que los orgullosos padres esperaban, pero de ahí en adelante Flora parió sagrada y regularmente cada dos años otros 13 hijos. Al contar el cuarto y en camino el quinto y cuando se vislumbran los síntomas de la gran depresión económica de 1920, trasladan sus bártulos desde Chillán a Santiago. La cesantía arreciaba en esa ciudad y pensaron que la capital ofrecería mejores oportunidades para la familia. Jamás sabremos si fue esta una buena decisión. Las colas de hombres esperando por una vacante delante de las fábricas eran enormes y los obreros del salitre que retornaban desplazados hacia sus lugares de origen, contribuían a llenar las calles de vagabundos y gente sin casa y sin destino. Santiago se llenaba de conventillos y cités.

Pedro, Flora y sus cuatro hijos formaron parte de la ola de emigrantes del campo o los pequeños pueblos provincianos hacia la gran capital. Los años iniciales no fueron fáciles, los siguientes tampoco. La lucha diaria por huir de la pobreza y la miseria era ardua. La Gran Avenida en la populosa y popular comuna de San Miguel fue el primer paradero de la familia, sin embargo, pese a la precariedad económica y el constante aumento de la familia; pronto lograron trasladarse al paradero 1 de Santa Rosa, en donde compraron un sitio, iniciaron la construcción de una casa que jamás se terminó, Pedro instaló su taller de confección y reparación de calzado, mientras Flora, aparaba zapatos, cosía la ropa para toda la familia, cocinaba, amasaba quintales diarios de harina, horneaba pan y empanadas para vender, además de parir y criar chiquillos al por mayor. Pero su tierra de origen la llamaba cada verano y hacia allá partía en el tren, sola, a veces acompañada por uno de sus críos, cargada de ropa y zapatos usados para trocar. Allá en el antiguo cacicazgo de Ñiquén compartía con los familiares, renovaba sus costumbres y se impregnaba del olor de la tierra recién arada. Del sur regresaba con sacos de porotos, lentejas y garbanzos, pollos, pavos, patos y cuanto sirviera para alimentar a su familia. La principal aspiración de este matrimonio fue dar educación a sus hijos. Pedro y Flora lo lograron en gran medida: de los 14 crecieron 12, aquellos todos hombres y mujeres buenos, alejados del vicio y de las maldades del mundo.

A él en Santiago lo atrajo la política, luchando por su clase humilde y trabajadora. Flora, sin embargo, odió la política, porque esta alejaba a su marido del hogar, del taller de calzado y de yapa traía amigos interesados en conversar y comer gratuitamente. Con la inmensa responsabilidad de los hijos a cuestas, Flora dejó de ser la frágil y vulnerable muchachita chillaneja para convertirse en una mujer valiente, pujante y dispuesta a sacrificarse por ellos, pero a veces también malhumorada, y a medida que pasaron los años, agotada de parir, criar y alimentar. Su último parto dio origen al séptimo hijo varón, hecho considerado en aquella época como un verdadero aporte al país. Este acto heroico trajo un premio para la madre y el pequeño: un ajuar para el recién nacido y el apadrinamiento nominal de parte del presidente Arturo Alessandri. Escaso galardón para tan grande sacrificio por la patria, sin embargo el último vástago de Flora hizo su aporte como médico. Ella ya no era joven, pero sí valiente para parir a la no despreciable edad de 44 años. Flora falleció agotada a los 62 años, casi justo en la mitad del siglo, con su cuerpo consumido por los partos y el trabajo incesante, pero dejó como legado 12 hijos sanos, varios de los cuales cumplieron con el anhelo de su madre de obtener profesiones y oficios honorables.

Una de ellas, Fresia, la segunda de la familia, nacida en Chillán en 1913, la respetada hermana mayor para todos sus hermanos, traía escondidos en sus genes no solo la inteligencia aguda del padre y la valentía y audacia de la madre, sino también el talento de las artes plásticas. Como muchas de las mujeres de la época provenientes de una clase social popular, que veían en la educación el único camino para el progreso económico y social, Fresia ingresó a la Escuela Normal N° 2 y recibió allí su título de maestra primaria a los 21 años, justo el día en que su madre daba a luz a su último hijo. De inmediato, comenzó su labor de maestra en una escuela de la entonces rural zona de La Florida. Cada mañana, de madrugada, tomaba el tren en la Plaza Baquedano hasta un determinado punto situado en la zona suroriente de Santiago. Allí la esperaba una "cabrita" que la trasladaba hasta la escuela del fundo, compuesta por dos salas de clase de adobe resquebrajado y 50 alumnos, algunas niñas, pero la mayoría varones.

Pero ella no pertenecía a la estirpe de las conformistas y se empeñó por continuar su formación. A costa de grandes sacrificios personales y económicos se inscribió en la Escuela de Bellas Artes, trabajando de día y estudiando de noche. Allí logró el reconocimiento a su talento artístico de maestros como Juan Francisco González, Camilo Mori y otros importantes pintores. Así, daba un gran salto cualitativo en el aspecto cultural y social.Pero el amor se interpuso en su carrera como pintora. Se enamoró de un colega. Como testigo de ello quedan numerosos croquis que furtivamente al comienzo le hacía a su amor; luego él, el hermoso coqueto, posaba para ella. Corría el año 38 y la pareja, con ideales comunes por la educación pública, no se abstrajo a la efervescencia política en favor de la elección de Pedro Aguirre Cerda. Las marchas políticas contribuyeron a unirlos; sin embargo pronto se develaría que era el hombre equivocado, del que sin embargo concibió tres hijos.

Con su flamante título en mano como profesora especial de Artes Plásticas acudió orgullosa a presentarse ante el Ministerio de Educación, en ese entonces el único organismo autorizado para reconocer, nombrar, designar y destinar a los profesores de la educación pública de Chile. No era fácil tampoco aquello si no se estaba inscrita oficialmente en el partido político gobernante, lo que ella, libertaria por excelencia, jamás quiso hacer. Fresia deseaba un nombramiento en alguna de las Escuelas Normales de Santiago o tal vez en un Liceo, méritos le sobraban. Pronto empezó un interminable peregrinaje por oficinas ocupadas por burócratas desmotivados y cuñas interesadas, amén de humillaciones de parte de los mandamases ministeriales de turno; los hijos crecían al tiempo que el amor se desvanecía y es entonces cuando manos oscuras y movidas con mala o buena intención, le ofrecen un cargo como profesora normalista en Ancud; ella decide acogerlo, previa promesa de un pronto regreso a la capital. En un acto de audacia increíble para la época, empujada por la desesperación y la desilusión y con la esperanza del pronto retorno, abandona la capital, el amor y la familia paterna y parte con sus hijos pequeños al entonces casi fin del mundo. Su madre, Flora, la acompaña en este traslado, en un viaje de tres días en tren a Puerto Montt y una noche en barco bamboleándose en medio de una tormenta a través del Canal de Chacao.

Después de un año y medio de enfrentar desafíos, solitaria en un medio precario y desconocido, el Ministerio de Educación le ofrece regresar, pero no a Santiago, a donde ella quería realmente, sino a Talca. Diez años ejerce de maestra en la Escuela Normal de Niñas de esa ciudad. Allí cría a sus hijos y forma no solo a varias generaciones de normalistas, que aún la recuerdan como maestra ejemplar y afectuosa madre sustituta para cientos de muchachas que, viniendo de lugares alejados, debían vivir en el Internado de la Escuela Normal de Talca. Como su agotadora jornada docente no calmaba sus energías, se incorpora al medio artístico de la ciudad, en donde organiza y preside un Centro de Arte que en más de una ocasión lleva como maestro a Nemesio Antúnez y a otros famosos pintores de la capital; coordina concursos oficiales en Salones de Arte auspiciados por la Municipalidad de esa ciudad y ella misma presenta exposiciones plásticas individuales.

En 1958 aparece un nuevo fuego de artificio anunciando traslado a una Escuela Normal de Santiago, pero nuevamente manos misteriosas hacen desaparecer sus meritorios papeles. El sueño de la capital se desvanece por tercera vez, pero obtiene un premio de consuelo: la ciudad de Curicó. Nueva mudanza, nuevas escuelas, nueva gente que la recibe solo gentilmente al principio, pero pronto ella abre espacios y conquista al medio gracias a su inteligencia, a su calidad humana, a su arte y como maestra. Esta vez ella entrega su energía y conocimientos en la Escuela Normal de Hombres y dispone su capacidad organizativa en la creación de un Centro de Arte que, entre otras actividades, homenajea a Benito Rebolledo Correa, famoso artista oriundo de esa ciudad. Como defensora de los derechos gremiales de los profesores y respondiendo a su fuerte vocación de servicio público y su espíritu progresista, laico y democrático, participa activamente en huelgas del magisterio que más de alguna vez la llevaron a un calabozo.

La aventurera existencia de esta maestra-artista del siglo XX, rompedora de esquemas y viajera incansable, la llevó a Canadá, donde residió sus últimos 25 años. Como artista de la acuarela presentó exposiciones en Toronto, Oklahoma y Katrineholm (Suecia), ciudades donde fue reconocida como artista chilena. Su última exposición individual fue presentada en 1993, a sus 80 años, en el Palacio de la Alhambra en Santiago de Chile, en cuyo museo se encuentran hasta hoy dos de sus obras.Durante su vida como maestra nunca pudo regresar a Santiago, como si alguien le hubiera impuesto una relegación, aunque desde la lejanía participó en Salones Nacionales de Pintura obteniendo la Medalla de Oro.

Sus ex alumnas y alumnos de las Escuelas Normales la homenajearon en diversas oportunidades y no fueron pocos los que se hicieron presentes en el año 2000 para despedirla el día de su muerte, ocurrida 41 años después de haber dejado la labor docente.[73]

La parte más dura se la llevaban, sin duda, las maestras rurales, las que, más que a menudo se exponían al abandono de la lejanía, siendo "víctimas de las inclemencias del tiempo y, aún más, de las tropelías de los grandes latifundistas que... querrían abusar del honor de las maestras".[74] No obstante, a pesar de esa lejanía, del clima y el miedo, la opción y vocación de una maestra por los niños de su escuela rural era más fuerte en tanto que, como solía decir Gabriela Mistral, ella, como tantas, no iba sino a los pueblos y lugares en que podía servir.

Tanto "sirvieron", como decía Gabriela, las maestras chilenas que, poco a poco, intentando salvar a paso de carreta pero a fuerza de buey la deserción endémica del siglo, las niñas y niños campesinos y de pueblos silenciosos, fueron dejando de faltar a la escuela, terminando la primaria y, a medida que se aproximaban los años 50, muchos emigraron a las ciudades cercanas, alojando donde parientes o internados, a estudiar

---

[73]   Fresia Barrientos, "Dos muchachas del siglo XX", texto escrito por Fresia Barrientos especialmente para esta historia y como homenaje a su madre. Se lo agradezco mucho, valorando, además, su bella pluma.

[74]   *Nuevos Rumbos*, N° 35, Santiago, 2 de junio de 1925, citada en Egaña, Núñez y Salinas, op. cit., p. 153.

la secundaria. Mientras en 1920 había poco más de 3.000 escuelas públicas, en 1946 estas habían aumentado a cerca de 4.500; las y los maestros habían aumentado de 7.360 a 15.320, las y los alumnos, de más de 3.300 a cerca de 5.500, y el analfabetismo se había reducido del 53% al 25%.[75] Las cifras expresan el gran esfuerzo realizado por parte del Estado y las y los maestros; sin embargo, ellas no nos muestran, por sí mismas, la problemática sustantiva de la situación histórica que se vivía, en el sentido de la fuerza de cambio que ya emanaba de la misma población civil popular, la que progresivamente había comenzado a tomar conciencia de la importancia de la educación como vía de ascenso y emancipación cultural y social. Así, la presión sobre el sistema escolar comenzó a aumentar: en 1952, el 40% de la población en edad escolar quedaba sin matrícula. "¿Acaso la escuela le había ganado, al fin, la batalla a la calle y ese triunfo la había sorprendido desprevenida? Triunfante, pero inconsecuente, la escuela escupía ahora desde sí misma a los niños a la intemperie...".[76] El camino de la escolarización popular era aún largo y escarpado, mientras los deseos de educación e incluso de profesionalización ya anidaban con profundas raíces en el alma del pueblo y, especialmente, de la clase trabajadora ilustrada. Y las mujeres populares y de clase media unieron a este deseo y aspiración su "vocación de servir", como hablaba el corazón de Gabriela.

Siendo aún una liceana comenzó a trabajar Maudelina Vergara en la escuela rural los días sábados. Su profesor jefe del liceo, nombrado Director Provincial de Educación en 1972 (gobierno de Salvador Allende) decidió, ante la gran necesidad de profesores para abarcar la educación de todos los niños del país, llamar a diez alumnos y alumnas por curso para salir a trabajar a las distintas escuelas de la provincia. La eligió a ella ("me encantaban los niños") y le correspondió la escuela rural pública de Lumaco, a 20 kms. de Osorno, en la que trabajó durante siete años en el Primero y Segundo Básico. "Yo era feliz de irme de profesora unidocente. Mi papá me fue a dejar". Al llegar, apareció ante su vista la casa vieja rodeada de un "pastal" que le llegaba hasta el cuello. Abrió una pieza grande y ahí estaban los bancos de madera. Era la escuela. "Y me largo a llorar con un llanto...lo único que quería era volverme...". Pero entonces se le acercó una apoderada que, feliz reencuentro, había sido su compañera en el internado de las monjas españolas, allí donde ella había estado tan contenta en su infancia. Y se quedó... a empezar de la nada, sin la guía de nadie. Antiguamente esa casa había sido una escuela particular subvencionada que fue vendida. Cuando ella llegó, allí vivía un caballero solo que arrendaba la pieza para escuela. Maudelina salió a buscar una pensión cercana donde alojar.

---

[75]   M. Angélica Illanes, *Ausente, señorita. El niño chileno, la escuela para pobres y el auxilio. Chile, 1890-1990*, Santiago, Junaeb, 1992, p. 182.

[76]   Ibid., p. 192.

La primera actividad con los niños fue cortar el pastal y las murras. Los niños venían desde lejos; "había muy buena asistencia porque tenían una profesora joven". Llegaban a las 8:30 A.M. e iban a buscar el agua. Una señora les servía la leche a las 9:30 y a las 10:00 los niños volvían a ir a buscar el agua para la preparación del almuerzo. "Bueno, las clases empezaban a las 9:00". Combinaban las actividades domésticas de la escuela con el estudio. "Cuando la señora no estaba, yo tenía que hacer la comida. Se hacía de todo...".

El segundo año aumentaron los niños, llegaron a noventa: se había formado un asentamiento frente a la escuela y venían también de otros asentamientos cercanos; entonces llegó otra profesora que venía de Calbuco y que se casó con un alumno de 16 años de la escuela; "ella tenía 24 y todavía viven juntos". Maudelina trabajó también con los apoderados: formó una escuela nocturna para alfabetización y aprendizaje musical instrumental del acordeón. "Las mamás iban dos veces a la semana. Muchas veces discutía con ellas porque les decía que tenían que salir de la pobreza. El compromiso era que sus hijos salieran adelante".

Trabajó allí siete años y los días sábados estudiaba en la Universidad de Chile de Osorno para obtener su título de maestra. Dos años trabajó y estudió en el sur; eran los años de la Unidad Popular; años de estudio que "perdió" porque luego no se los reconocieron y Maudelina tuvo que ir a hacer su Regularización de Título a la Universidad Católica de Valparaíso.

Durante el período de la dictadura ella siguió teniendo muy buena relación con la comunidad. "Yo misma salía a caballo a visitar a los ricos: les pedía cooperación para la escuela; le mandaban la leña. No tuve problema político con esos ricachones porque conocían mucho a mi papá... mi padre tenía un taxi y los trasladaba...".

Hoy en día Maudelina se levanta a las seis de la mañana a preparar el almuerzo para su familia y de ahí se va a trabajar a un colegio básico municipal de Osorno, y hace ya 31 años que "se pone la camiseta" por sus chicos. "Del portón para acá", les dice, "yo soy la mamá", dándoles cada día su mandato de futuro: "Ustedes van a ser profesionales". Maudelina se compromete "a concho" con sus niños y sus familias. "Yo no soy de las que se van a la hora de salida... y si hay que ir a ver a un niño a su casa, voy a verlo y trabaja sus problemas con sus padres: "La educación la compartimos: les inculca a los apoderados: 50 y 50". Hasta tarde en la noche se queda preparando sus materiales docentes para sus clases del día siguiente", "Me siento feliz".[77]

---

[77] Entrevista a Maudelina Vergara en casa de su familia amiga, los Saldivia Uribe, quienes la conocieron y apoyaron en los tiempos de maestra rural y que nos recibieron en su casa de Osorno con indescriptible cariño y exquisita acogida para que conversaramos de su vida y experiencia. Mil gracias a Maudelina y a la familia Saldivia Uribe.

En la casa de las Saldivia también me esperaba para contarme su historia Marta Catalán, maestra rural y poetisa, como Gabriela. Luego de la inesperada muerte de su madre, Marta aceptó, "a ojos cerrados", ir a hacerse cargo de una escuela rural en San Juan de la Costa. Y partió un día de sus 23 años, trigueña, bella y menuda, portando un saco de libros, imaginando que llegaría a una escuela grande y moderna como las de Osorno. Corría el año postgolpe de 1974, en pleno invierno. Llegó, en una de las micros que corrían los días martes y jueves, al retén de Bahía Mansa en Maicolpué y de ahí, a distancia de unos 200 kilómetros, a un lugar llamado Popoen, "monte enmarañado". Allí estaba la escuela rural particular subvencionada asignada, la que permanecía cerrada. "Al verla, casi me morí de pena –dice Marta–; era una casa de campo oscura y con su piso lleno de barro". Arriba había vivido el profesor anterior y por entonces las ratas; estaba todo lleno de hoyos... "Lo primero que hice con los niños fue sacar el barro a cuchillo", limpiar, trapear, encerar. Al terminar la tarea, "los niños me dijeron que el piso quedó tan bonito que parecía la casa del patrón". Apenas supieron del arribo de la nueva maestra, los "niños" habían acudido a la escuela. "Llegaron unos 80 de diferentes cursos, algunos de 17 años para Segundo año básico, otros de 18 años con poncho... Yo tiritaba como un pájaro... "Bueno, aquí estoy; tengo que sacar fuerzas, tengo que sacar voz'", se dijo a sí misma Marta. "En esos tiempos uno les daba una mirada dura y se callaban". Todos los ochenta en una sola sala: "Los separé por edades... 'Mañana vienen con los zapatos lustrados'... Pero usaban botas de goma... Cometí varios errores", reconoce Marta.[78]

Enclavada en un alto, la escuela comenzó a lucir la belleza de su emplazamiento cordillerano costero, cuyos atardeceres contemplaba Marta solitaria... "me costó acostumbrarme a no tener con quién conversar. Me imaginaba que la cordillera era una mujer y le hablaba...". A las seis de la tarde se acostaba, vela en mano, luego de poner tranca a su puerta. Cada 15 días iba el cura de Coinco a hacer misa a la escuela. "No lo dejaba irse, para poder conversar con alguien que tuviera cierta cultura". Pero "los niños eran mi familia". La señora Elba, dueña colindante de sesenta hectáreas, era la manipuladora que cocinaba los alimentos que la Junaeb enviaba en el camión lechero de los Ruhe, manejado por el señor Saldivia, el mismo que transportaba a la maestra Marta cada quince días a Osorno. A las 4 A.M. llegaba Marta a la casa de los Saldivia, donde siempre la acogieron como parte de la familia, para tomar el camión lechero, luego de caminar cinco kilómetros. Ahí mismo llegaba de regreso de Osorno en la madrugada, donde la esperaban con rico desayuno de campo antes de su regreso a la escuela. A partir de un hecho doloroso, Marta comenzó a cantar su experiencia en la tierra.

---

[78] Entrevista a Marta Catalán Osorio, maestra rural y poetisa osornina, entrevistada por la autora gracias a la invitación de María Paz Uribe, en la acogedora casa de sus tías, las hermanas Saldivia en Osorno, en torno a una mesa de exquisita once con sopaipillas, mermeladas y torta hecha con maravillosas manos caseras, el día 10 de mayo de 2008. A todas ellas, mis más cálidos agradecimientos.

María Quinchagual de Maicolpué

Cuando se llenaba la playa
de turistas,
vendías el pan rescoldo
saltando los cuerpos
que ofrecían al sol
su piel.

Por fin se fueron.

Tú, libre, descalza, sonriente
rescatas tu horizonte
tu arena, tu mar, tu sol,
tu territorio.

El rescoldo guardarás
para el próximo verano.[79]

Luego de seis años de trabajo en la escuela, Marta compró dos hectáreas a la señora Elba; se casó y edificaron la nueva escuela con sus propios recursos y una donación del obispo Valdés, quien agregó un chocolate blanco "para que comiences tu obra con dulzura", le dijo. Ahí vivieron en su calidad de "sostenedores", teniendo, en su época de esplendor, 180 alumnos. La escuela hoy tiene 60 alumnos, a muchos de los cuales el director (su exmarido, quien está a cargo de la escuela con su pareja, una colega de Marta) va a buscar y dejar en su furgón ("es la única posibilidad de tener alumnos"). En gran parte los niños disminuyeron "cuando la gente –pequeños agricultores mapuche/huilliche– vendió su tierra y bosques a la Forestal AnChile a precio de huevo, la que sembró solo pino y eucalipto, que absorbe toda el agua subterránea. Yo lo lamento mucho, porque esos propietarios de Popoen se vinieron aquí a Osorno a vivir en poblaciones marginales. Ahora meten la leña debajo de su cama para que no se la roben... cuando antes tenían todo lo necesario para vivir...".[80]

Habiendo superado un grave cáncer al colon, Marta hoy vive en Osorno, trabaja en extensión cultural en la Universidad de Los Lagos y publica hermosísimos libros de poemas impregnados de sur. Pero continúa trabajando en su escuela, de donde venía llegando ese sábado cuando conversamos. Había ido a pintarla.

Esta tremenda "vocación de servicio" de las maestras de todos los tiempos se manifestó en muchísimas mujeres de clase media y con especial énfasis a partir de los

---

[79]   Marta Catalán Osorio, poema "María Quinchagual de Maicolpué", en *Con la piel ajena*, Puerto Montt: ediciones Polígono, 1999, p. 7.

[80]   Entrevista a Marta Catalán, op. cit.

años de 1930, lo que se expresó en el progresivo aumento de su ingreso a las escuelas no solo de pedagogía, sino también de servicio social, de enfermería, de matronas, de medicina, abogacía, y especialmente en todas aquellas escuelas y oficios donde se trabajara en el cuidado directo de la vida y de los grupos más necesitados. Sin duda, todas ellas, en contacto directo con el pueblo, comenzaron a ser para este el espejo de sus sueños de futuro de mujeres y madres populares. En estas tareas de estímulo a la educación y profesionalización de las mujeres andaba también nuestra gran Amanda Labarca, primera mujer latinoamericana que accedió a una cátedra universitaria (1922). "De ideales progresistas, democráticos y laicos, aspiró y ayudó al progreso de una educación para todos, así como por una sociedad igualitaria". Como educadora, Amanda Labarca se inició como profesora en la Escuela Normal Nº3 de Niñas de Santiago y posteriormente fue directora del Liceo Nº 5 de Niñas "Rosario Orrego", también de Santiago. Al caer el régimen de Ibáñez, que la había conducido al exilio, fue nombrada Directora general de Educación Secundaria, impulsando, en 1932, la fundación del Liceo Experimental Manuel de Salas, llamado a preparar cuadros universitarios desde la educación secundaria, proyecto que se legitimó como una educación de carácter laico y "científico" y pro-universitario en el país.[81]

Para las mujeres provenientes de los estratos populares, el camino de la educación hacia la profesionalización ha sido bastante escarpado y recién podemos ver, en las últimas décadas del siglo XX y primeras del XXI, a una generación de mujeres hijas de padres obreros, artesanos y/o empleadas domésticas, accediendo a una educación profesional y que se socializan en torno a sus intereses culturales propios y/o pro-fesionales, proyecto al que aspiraba, desde principios de siglo, la *mujer palanca*. El camino ha sido largo y esforzado, pero –tal como nos lo muestran casi todas las vidas de mujeres recogidas en esta historia–, el esfuerzo está recogiendo muy buenos frutos.

---

[81] Ver Carmen Ortúzar, "Mujeres que hicieron historia", en X. Galleguillos, D. Veneros, C. Ortúzar y A. Carreras, *Mujeres que hacen historia*, Santiago: LOM ediciones, s/f.

8. Militancia política y emancipación biológica y educativa. La historia de Gladys

El año 1949, al año de su separación del ferroviario con el que estuvo diez años casada y "con el que lo pasó muy mal",[82] Violeta graba con su hermana Hilda su primer disco. Ese mismo año, como vimos, debutaba en Chile la ley de sufragio femenino. Se abría, prometedora y alegre, la bisagra de la ventana de las mujeres chilenas para respirar el aire de la segunda mitad del siglo.

Las mujeres debutaron como votantes y candidatas en las elecciones parlamentarias del 50, promocionada María de la Cruz por un partido de mujeres, el Partido Femenino Chileno, y triunfadora Inés Enríquez como diputada radical por Concepción, la primera mujer en llegar ese año a la Cámara.[83] El año 53 triunfaría María de la Cruz como senadora. Pero le ocurrió como a Recabarren: los patriarcas del Congreso intentaron inhabilitarla, descalificando, en este caso, su osadía feminista con acusaciones absurdas que no hicieron más que revelar su ira de club de Toby taimado y amenazado de invasión femenina.

---

[82]   Isabel Parra, "Tras las huellas de Violeta" <www.memoriachilena.cl>.

[83]   E. Gaviola, X. Jiles, L. Lopresti, C. Rojas, *Queremos votar en las próximas elecciones...*, op. cit., pp. 132-135.

No obstante, por entonces los "señores políticos" lograron –siguiendo los mandatos post-Segunda Guerra de las Naciones Unidas– ponerse de acuerdo para aprobar, tras largas discusiones realizadas desde 1950, el proyecto originalmente presentado por Salvador Allende cuando fue Ministro de Salubridad del Frente Popular: la reforma a la ley 4054 de Previsión Social, reforma que contenía beneficios importantes para las mujeres de la clase trabajadora asegurada. Entre dichos beneficios, ya no solo las esposas parturientas, sino todas las esposas de los trabajadores, en su propia calidad de tales, adquirían el derecho a atención médica, y no solo sus hijos menores de dos años, sino todos los hijos del asegurado, ya fuesen legítimos, ilegítimos, naturales o adoptivos, sin tope de edad. Los subsidios por enfermedad alcanzarían hasta un año y medio contando con el 100% del salario (antes: hasta 26 semanas prorrogables a 52, con pago decreciente de salario). El subsidio por maternidad ya no se copagaría entre el seguro y el patrón, lo que, como el MEMCH denunciaba, se prestaba para numerosos abusos, sino que su pago lo asumiría completamente el Seguro. Se aumentaban, asimismo, los beneficios de lactancia. Por otra parte, las viudas mayores de 65 años adquirían derecho a pensión vitalicia y reajustable equivalente al 50% del salario del asegurado.[84] Como resultado, 5.000.000 de chilenos y chilenas quedaron adscritos al nuevo sistema de protección social, generando un sentimiento de pertenencia social inclusiva al pacto social. En correspondencia, una red nacional de postas y hospitales comenzó a sembrarse a lo largo y ancho del país, los que, a pesar de ser desbordados pronto por la demanda de atención del pueblo, secularmente abandonado, fueron la más clara expresión de una voluntad de construcción de nación desde el cuidado del cuerpo del pueblo.

En las elecciones presidenciales del 52, el partido femenino y la mayoría de las féminas sacaron sus escobas a la calle como arma barredora de los políticos históricos, apoyando al militar Ibáñez: no obstante, respecto de este "caballero" no tardaría la ciudadanía y ellas mismas en quedar defraudadas: represión y persecución del movimiento obrero y ciudadano y alzas agudas de los artículos de subsistencia fue la tónica de su gobierno, todo lo cual se agravó con la ley de congelamiento de salarios (1955), que levantó la ira de las recién creadas Central de Trabajadores (CUT) y Confederación de Trabajadores del Cobre (CTC). No obstante, ese mismo año se derogaba la Ley Maldita que había perseguido y proscrito en los años anteriores al Partido Comunista. La pobreza y la rebeldía producían las primeras tomas de terreno en la capital (Población La Victoria, 1957), un fenómeno que proseguiría, avanzando los pobladores sobre la ciudad como una ola sigilosa y brava.[85] Al mismo tiempo, en abril

---

[84]   Ver M. Angélica Illanes, *En el nombre del pueblo, del estado y de la ciencia. Historia social de la salud pública. Chile, 1880-1973*, Colectivo Atención Primaria, Santiago, 1993, pp. 382-384.

[85]   Sobre las tomas de terreno en Santiago, ver Mario Garcés, *Tomando su sitio. El movimiento de pobladores en la ciudad de Santiago*, Santiago: LOM ediciones, 2002.

de ese año 1957 se produce un fuerte estallido social detonado por una movilización estudiantil antialzas de la locomoción colectiva, que actuó como detonante ampliado del descontento social, lanzándose el pueblo a las calles y produciéndose saqueos y destrucción urbana, fruto de la cesantía y el hambre que producían las medidas "estabilizadoras" de la economía. Como alternativa y respuesta política al descontento y fuerza de protesta popular, se aglutinaron las fuerzas de la izquierda en torno al Frente de Acción Popular (FRAP), con Salvador Allende como rostro electoral.

El movimiento feminista actual y los historiadores de las mujeres se han extrañado que en este período se hubiera desarticulado y "silenciado" el movimiento feminista chileno que había encontrado diferentes canales de expresión desde principios del siglo XX. Interrogada una de las propias protagonistas del MEMCH, Elena Caffarena, esta planteó que en ese período las mujeres organizadas "no estaban suficientemente preparadas para haber seguido ascendiendo por la línea que correspondería haber seguido. Entonces ahí pasó esa canalización, que fue terrible, en que los partidos políticos empezaron a formar sus Departamentos Femeninos y la mujer pasó a ser militante del partido tal y la otra simpatizante del partido cual; entonces vino un alineamiento partidista que fue uno de los factores que hizo crisis en el MEMCH.[86]

Una de las primeras en extrañarse de este silencio al historiar el movimiento femenino chileno, la recordada Julieta Kirkwood, se preguntaba: "¿Por qué –durante el período 1955-1973– el único sector que no se expresaba como tal desde su especificidad fue el sector que constituía la mitad de la población, las mujeres?" y se respondía que no era que "no existiera preocupación alguna sobre la condición de la mujer, sino que se la estudiaba como 'otro' elemento, incorporado a un proceso de liberación ya en marcha, ya elaborado (...), un proyecto global de emancipación social que cierra filas en torno a su unidad".[87] Por su parte, el historiador Gabriel Salazar plantea, respecto de esta interrogante

Desde el momento que las mujeres aceptaron *ciudadanizarse dentro del sistema político* establecido ... debieran haber actuado (tal vez) como organización de 'masas' y en tanto que grupo de presión como 'partido'. Pero que, no obstante, el movimiento feminista no actuaba dentro de esa lógica, en circunstancias de que la clase popular...comenzó a hacer pesar su *condición de clase dentro de su condición de masa*, y, desde allí, como "poder popular", a forzar una 'revolución global' desde dentro del Estado y a través de los partidos, las mujeres fueron optando, o por ingresar a la lucha *en* el movimiento de masas, o, con los partidos políticos, luchar *desde* el interior del Estado. Lo otro, lo

---

[86]   M. Angélica Meza (ed.) *La otra mitad de Chile*, Santiago: Cesoc, 1986, entrevista a Elena Caffarena; citado en Gabriel Salazar y Julio Pinto, *Historia contemporánea de Chile. Hombría y feminidad*, Santiago: LOM ediciones, 2002, tomo IV, p. 180.

[87]   J. Kirkwood, "Feminismo y participación política en Chile", en M.A. Meza (ed.), op. cit., citado en Gabriel Salazar y J. Pinto, op. cit., p. 181.

específicamente 'suyo', ya no tenía realismo coyuntural, ni histórico, ni social, ni político: lo que hicieron antes *fue* un buen intento y un bello gesto para recordar.[88]

Un análisis duro, pero, sin duda lúcido y certero. A esto yo solo me atrevería a incorporar una interrogante e incluso una duda acerca de esta "especificidad", de esto propiamente "suyo" del movimiento feminista de las primeras tres décadas del siglo XX. Una revisión de la prensa de mujeres obreras y, especialmente, del periódico *La Mujer Nueva*, órgano de expresión del MEMCH, el mayor movimiento femenino de la hora y que alcanzó, en ciertos momentos, un carácter de masa, nos muestra que su programa y su ideario, tal como ellas mismas expresaban, eran principalmente sociales, dirigidos especialmente a la defensa de las mujeres obreras y campesinas como madres y trabajadoras definidas desde su "clase". Podríamos identificar este feminismo como un *feminismo-social*, en el que la categoría "género-mujer" quedaba definida y determinada principalmente por el sistema de explotación de que era víctima la mujer del pueblo (mientras que las dirigentas se declaraban "emancipadas" ellas mismas respecto de esas condiciones de explotación así como de la "maternidad obligada") y, por lo tanto, se sentían en la obligación y con la responsabilidad moral e histórica de defender a las mujeres en tanto trabajadoras explotadas y biológicamente oprimidas, dirigiendo sus demandas principalmente al patrón, a los poderes legislativos y al Estado. En este sentido, su feminismo estaba supeditado a la categoría "clase" y, desde esta perspectiva, tenía una definición, una dirección y una opción principalmente social-popular; no se definía en una sustantiva categoría de "género". Por eso me resulta certero lo planteado por Salazar: al momento que se impuso la hegemonía de "la clase" y su "poder popular", es fácil comprender que la dimensión feminista de este feminismo-social no pudo sustentarse, porque nunca estuvo sustentado en sí mismo y, a mi juicio, no podía estarlo entonces, dada la desesperada crisis de subsistencia popular que hacía del binomio madre-niño del pueblo la clave de la disputa social e ideológica por la reconstrucción de la nación, disputa a la que el MEMCH se incorporó aportando un importantísimo programa de mejoramiento de las condiciones de vida, trabajo y protección de la maternidad obrera y de la mujer trabajadora, desde una perspectiva izquierdista amplia: humanista, laica y antiexplotación capitalista. Es decir, no existía un "feminismo-para-sí" porque (quizás) aún no le había llegado su hora en Chile.

Entonces, como decíamos, era la hora de la hegemonía de "la clase", constituyendo esta un iracundo río de amplio cauce, de gran fuerza inclusiva popular y de mucha presión sobre el Estado y el sistema en su conjunto. Así lo entendieron los partidos de la izquierda, especialmente el P.C., el que, después de los sucesos de abril de 1957, habría hecho, según V. Espinoza, un "ajuste teórico y político duradero", vinculando "al conjunto del pueblo, es decir a la clase obrera, los campesinos, las mujeres y los

---

[88]   Gabriel Salazar, Julio Pinto, op. cit., pp. 181-182.

jóvenes a la lucha económica reivindicativa de la clase obrera".[89] Por su parte, el Estado, incluso durante el derechista gobierno de Jorge Alessandri (1958-64), comenzó a hacerse cargo de las demandas populares y a reconocer el "peligro" de la lucha de clases desatada en Chile y América Latina, especialmente ante el suceso histórico de la Revolución Cubana (1959), el que marcó un hito en la historia latinoamericana, cambiando el rumbo de los gobiernos y la intensidad del movimiento social. Además de la ya mencionada reforma de la Previsión Social, Alessandri comenzó a desarrollar una vasta política de vivienda popular, lo cual apuntaba a una de las demandas más sentidas del pueblo y especialmente de las mujeres de la clase trabajadora, legítimas soñadoras de la casa propia para anidar un hogar duradero con sus hijos. Asimismo, una serie de leyes de asignaciones familiares y de jubilación a los 25 años de servicio en el servicio público y semifiscales, así como leyes de jardines infantiles, tenderán a proteger a las mujeres trabajadoras, especialmente del sector fiscal.[90] Por su parte, en el gobierno de Frei Montalva (1964-70) se legitimaron legalmente los Centros de Madres en las poblaciones, los que si bien estaban lejos de cualquier vocación "feminista", permitió reconocer a las mujeres pobladoras un espacio público propio, en el cual ellas pudieron encontrarse, capacitarse, producir, tratar mutuamente entre sí sus problemas cotidianos, familiares y sociales e incluso potenciar liderazgos femeninos en el seno del territorio poblacional; por lo mismo, dichos centros de madres fueron vulnerables a la disputa política que se libraba a nivel nacional.

Quizás uno de los fenómenos más relevantes y transformadores de la historia social, cultural y de género del siglo XX ocurre cuando en estos años 60 se unen la ciencia y la moral humanista para abordar uno de los problemas más álgidos de la sociedad en su conjunto: el problema del control sistemático de la natalidad, considerado por muchos como un "derecho biológico de la mujer".

Como ya lo venía denunciando el MEMCH y el estamento médico progresista desde los años 30, el aborto clandestino se había constituido en una práctica cotidiana en Chile, especialmente entre las mujeres del pueblo, las que de este modo se veían obligadas a autocontrolar la natalidad excesiva a la que estaban permanentemente expuestas, prefiriendo arriesgar su propia vida antes de "echar" nuevas vidas al mundo que no podrían contar con los recursos mínimos que salvaguardaran sanamente su existencia. Quien entonces encarnó esta simbiosis entre la ciencia y la moral humanista fue el Dr. Hernán Romero en su libro *El control de la natalidad*,[91] que destapó este grave problema social nacional, revelando la ocurrencia de 150.000 abortos anuales

---

[89]   Ver Mario Garcés, *Tomando su sitio. El movimiento de pobladores de Santiago, 1957-1970*, Santiago: LOM, 2002, p. 149.

[90]   Ver E. Gaviola, op. cit., Apéndice 4: "Algunas leyes y decretos referidos a mujeres".

[91]   Dr. Hernán Romero, *El control de la natalidad*, Santiago: Editorial Universitaria, 1964.

respecto de 250.000 nacimientos al año, cuyas secuelas conducían a miles de mujeres a los hospitales, donde eran maltratadas y castigadas por el personal médico, matronas, enfermeras y auxiliares. Sin embargo, a ojos del Dr. Romero, este hecho revelaba "la necesidad profundamente angustiosa que tienen las mujeres de limitar la natalidad y como no conocen, siendo en su mayoría de clase popular, otro medio, recurren al aborto. El control de la natalidad –concluía– por medio de métodos anticonceptivos es una necesidad social, económica y emocional de las parejas chilenas. El poner a su alcance los métodos es también una necesidad para la salubridad nacional, ya que evitaría los abortos y sus secuelas".[92] Romero calificó, incluso, de "pecado" traer hijos hambrientos y abandonados al mundo, rechazando así, en lenguaje religioso, la oposición de la institución de la iglesia católica a los métodos anticonceptivos, expresando la decidida voluntad de la ciencia de enfrentar a la religión oficial, al tradicionalismo conservador y a quienquiera que se interpusiera, en vista de la protección y el bienestar de las mujeres y familias más pobres del país a través del control de la natalidad. Y como las vías legales para ello estaban sembradas de obstáculos, el Servicio Nacional de Salud, por su cuenta y responsabilidad, comenzó en forma de un plan piloto a entregar dispositivos y medicamentos anticonceptivos a las mujeres que lo solicitaban, abriendo el camino a una política anticoncepcional que no solo alivió desde entonces la angustia de las mujeres del pueblo de Chile, sino que contribuyó eficazmente a levantar su nivel de vida y a gatillar las profundas transformaciones que ha vivido la sociedad y la familia chilenas a partir de los años sesenta.

Simultáneamente, las mujeres de clase media comenzaron también a usar los nuevos métodos anticonceptivos que la medicina ponía a su alcance, mientras protagonizaban una gran transformación cultural al ingresar masivamente a las universidades del país en busca de su nueva identidad: profesional. Y cuando durante el gobierno de Eduardo Frei Montalva la reforma educacional tendió a incorporar a todos los hijos del pueblo al sistema educativo básico continuado e incluso medio, a través de una serie de medidas de alimentación y de protección antideserción escolar, se estaba en vías de avanzar en dirección a un importante fenómeno inclusivo de la familia popular al sistema social.

Es decir, a pesar de la difuminación de un movimiento propiamente feminista, el tiempo histórico que se vivía, cuando se cuestionaban todas las estructuras tradicionales en nombre del humanismo y de la democracia, cuando la ciencia entregaba los instrumentos para la posibilidad de emanciparse de la maternidad azarosa y obligada, cuando las razones abogaban por una "vida cualitativa" (y no meramente cuantitativa), basada en la aceptación, el cuidado y el desarrollo integral del hijo y cuando se abría el sistema educativo, por abajo (educación básica) y por arriba (universidad), a una

---

[92]   Citado en M.A.Illanes, *En el nombre del pueblo, del Estado y de la ciencia...*", op. cit., p. 457.

amplia mayoría de la población, las mujeres en Chile y en todo el mundo comenzaron a experimentar una revolución acelerada que tendería a transformar en forma persistente los roles estatuidos tradicionalmente para ellas en la sociedad. Las mujeres del pueblo comenzaron a sentir en esos años una nueva esperanza para sus hijos. -"Quiero que tú seas 'otro/a'", era la frase que se les escuchaba decir, expresión de su ideario y proyecto y por el cual no escatimaron sacrificios.

Los cambios vividos en aquellos años nos los revela la historia de Gladys. Con apenas dos años de vida cuando se firmó la ley del voto femenino, a Gladys Lizama le esperaba vivir otra época de la política chilena, en la cual las mujeres como ella, tal como la mayoría de las mujeres jóvenes de su generación, se incorporarían masivamente a los partidos y participarían ampliamente en la acción política nacional. No solo esta transformación cultural, expresada en el goce de sus derechos cívicos y políticos, vivió Gladys, sino también los profundos cambios que experimentó desde entonces la sociedad chilena y, en especial, los sectores populares. Nacida en Los Andes en el seno de una familia humilde, la abuela de Gladys, Teresa Ponce, luego de enviudar, subsistía de un pequeño negocio donde vendía dulces y verduras. "No podía con sus hijos, seis mujeres y dos hombres; la abuela no tenía ni los recursos ni la autoridad, y las hijas se le escapaban de las manos... así es que mandó a tres de ellas al internado del Buen Pastor; una era mi madre, Teresa Silva. Los cinco hijos restantes anduvieron dando vueltas...".

Más que un internado, el Buen Pastor era en realidad "una cárcel de mujeres y de niñas cuyas madres no podían controlar; de ahí no podían salir. Mi mamá renegó siempre de esas monjas, que eran malas, decía, y detestó estar ahí adentro. Si hubiera tenido la posibilidad de extender el ciclo de educación, habría podido ser profesora; era una mujer de inteligencia bruta, sin cultivo ni refinamiento alguno, pero esas monjas no la educaron en la secundaria. Ahí aprendió el oficio de toda su vida: bordar y tejer, transformándose en una experimentada artesana". También, con una amasandera nacida a fines del siglo XIX, aprendió a hacer pan y pasteles, y eso fue lo que la salvó en el momento de enviudar a los 48 años con una pensión mínima por el bajo sueldo de su marido, un suboficial de ejército; pan y pasteles con los que mantuvo a sus cuatro hijos que se educaban en el Liceo de Los Andes y la Escuela Industrial de San Felipe. Al momento de casarse Teresa, su marido era obrero de una barraca en Los Andes. "Cuando yo nací −en la casa con partera−, vivíamos en una *cité*, un callejón con varias casitas, y al fondo estaba el conventillo con lavadero común. Un día mi mamá, llevándonos de la mano a mi hermana y a mí, fue al Regimiento de Los Andes a pedir un trabajo para mi papá. Le dieron uno como soldado". Entonces se cambiaron de casa y su mamá instaló una amasandería. Gladys recuerda cuando sufrieron la epidemia de influenza: "En un cuarto estábamos todos en hilera y ella, también enferma, nos atendía como podía. Yo recuerdo que el pan no se tiraba, y si estaba duro, se humedecía y se tostaba.

Tomaba té con leche y pan. Me tocó la época de González Videla, cuando se hacía cola para comprar todos los alimentos. Mi mamá me llevaba a hacer las colas y me decía 'no vayas a decir que eres mi hija', y claro, no entendía por qué tenía que negarla. Obedecía hecha un nudo de nervios, tal vez un kilo más de azúcar o de harina lo ameritaban".

Hacia los años sesenta, época de protagonismo popular y de políticas sociales, "mi mamá postuló a una casa y pagamos cuotas y dividendos... en el liceo siempre tuvimos beca; el Club de Rotarios nos daba libros y cuadernos. Desde los 14 años aprendí a coser, yo me hacía mi ropa con la ayuda de mi hermana mayor. Teníamos buenas notas, pero yo creía que estaba haciéndolo mal porque era pobre. Desde esa época yo percibí las diferencias sociales y viví el clasismo en el Liceo de Los Andes, que era pluriclasista y mixto, ya que todos los padres que eran librepensadores no ponían a sus hijos en colegios religiosos y era gente que tenía recursos. La segmentación era real. La diferencia de clase se hacía notar al quitar el saludo o no se juntaban con nosotras, nos marginaban, jamás nos invitaron a sus fiestas. Es en esta etapa de mi vida cuando comencé a oír noticias y a tomar interés en lo que pasaba en el país; mi afición era tal que estaba al tanto de cuanto sucedía". Tuvo gran influencia sobre ella su profesor de Historia, instándola a estudiar su misma profesión. Gladys y sus hermanas comenzaron a aspirar a la universidad. "Di el Bachillerato, el último de Chile". Gladys quedó en Historia en la Universidad de Chile de Valparaíso (hoy Playa Ancha), postuló a una beca con la asistente social de la universidad y se la dieron desde el primer año: "No habría podido estudiar sin el apoyo del Estado. Yo soy el ejemplo clásico de hija de obrero y de soldado del más bajo nivel que logra superar su condición por la vía del estudio con el apoyo estatal. Yo estaba consciente de esa situación y eso influyó en mi autoexigencia. La beca estaba sujeta a buenas calificaciones".

Su mamá trabajaba en pan y pasteles, juntando lo que podía y consiguió que, pagando poco, sus hijas estudiantes vivieran en el Buen Pastor de Valparaíso como externas. "Era una cárcel para mujeres de todo origen social pero para aquellas con recursos que delinquían había un ala aparte donde también hospedaba gente externa, y fue donde estuvimos con mi hermana Marta. Allí conocí a una mujer que era lesbiana y había participado como ayudante de médico en abortos: alguien se les murió y la denunciaron. Ella repartía las comidas. Todas las presas hacían trabajos y cocinaban... a varias las conocí de cerca".

Luego Gladys pasó al pensionado universitario por poco monto y se mantenía haciendo clases por horas en diferentes liceos de Valparaíso; también ayudantías de investigación. A partir de 1970 se mantenía sola. "Desde el año 68 comencé a militar en el PC. Mi entrada a una organización no fue pensada, sino sentida como una necesidad, porque percibí que sola no podía hacer nada. Ahí yo percibí lo que es tener espíritu de cuerpo, cuerpo de algo, identidad grupal. Esa sensación de identidad grupal se transformó en la necesidad de ser agente de cambio. Participé en todas las movilizaciones; siempre anduve en la calle, tirando piedras, en las Brigadas Ramona Parra, pintando en las noches. Hacía puro trabajo de base...".

"En el año 71 hice un cambio importante: entré a trabajar a la Universidad Técnica del Estado en el Instituto Tecnológico de Mandos Medios, con jornada completa". El Instituto, de carácter tecnológico 'con' ciencias sociales, fue fundado por el rector Enrique Kirberg, secundado por los partidos y movimientos de izquierda, y se implementó a nivel nacional con sedes en las principales ciudades del país. En este trabajo, "el PC en 1972 me nombró encargada del partido y mis compañeros de partido hacían conmigo lo que tan bien sabía hacer el PC: entrenarme en cómo actuar y lo que debía decir en público. Me hacían la minuta. Ellos hacían los discursos. Me mandaban a distintos lugares a ver cómo estaban los avances en los Tecnológicos de provincia y todo me lo enseñaban antes. Esa era la verdad y el mandato, donde a uno se le iba la vida y todo lo que uno era. Allí no había igualdad de género porque los hombres tenían mucha más formación política; eran mayores y habían sido dirigentes del partido; yo era una novata. Me veían como a alguien que podían enseñar muy bien porque yo era moldeable, porque les creía. Y cuando me iluminaba decían '¡mira la chica!'. Aquí se veía la carencia de formación en la base, aunque les debo las lecturas clásicas del marxismo y todo el aprendizaje político básico de una militante cualquiera. Pero yo no sentía discriminación de género porque lo asumí como falta de preparación mía; quizás la discriminación de género me la hice yo misma", reflexiona Gladys.

Gladys se compara con su hija Camila, quien recibió una "formación –no conocimientos– desde la primaria en un buen colegio francés en México: el Liceo Francomexicano de Guadalajara". Le estimuló el baile, la lectura de cuentos y siempre el cariño a mano y un buen consejo. "El resultado a la misma edad se potencia al 300%. Yo siempre tuve una desventaja que viene desde el vientre materno, porque no tuve los nutrientes que necesitaba un bebé para un desarrollo normal. Yo sé que me cuesta más. En cambio, Camila aprende a la velocidad de la luz. ¡Cuánto tiempo necesitaba yo para sacar un trabajo respecto de una persona que tuvo mejor educación que la mía: obvio, mucho más...! Yo no me acostaba hasta hacer la última tarea. Lloraba si no podía hacerlo. Tenía mi sargento adentro desde muy chica [...] A mi mamá le tomé distancia porque me golpeó mucho –ella y mi papá–, me agredió mucho verbalmente; también me enseñó mucho... a golpes, con lo que fuera, con los zapatos, con las manos, con correa, cachetazos... yo salía corriendo... Tampoco me dejó aprender guitarra: 'no y no, porque las que aprenden guitarra son borrachas, cabareteras y perdidas de la vida...'". No obstante, Gladys reconoce que la educación que recibió del Liceo era buena: "De ahí saqué la cultura del orden, de la disciplina; de mi casa lo dudo. Los profesores no faltaban. Clases mañana y tarde, de lunes a viernes y el sábado por la mañana. Uno estaba en la escuela mucho tiempo. Los profesores eran buenos. Esa base, a pesar de mis limitaciones, fue lo que me permitió seguir. Pero en el Liceo no se fomentaba el hábito de lectura y este se adquiría en la casa; pero en la mía... ni para periódico. Cuando llegué a la universidad, para poder leer lo que había que leer, me tuve que someter a un entrenamiento medio prusiano, pero no reprobé. Tampoco era de las mejores, pero no era mala. Mi vida en este sentido ha consistido en ir supliendo las carencias a través de mi esfuerzo personal. Soy fruto de la 'cultura del esfuerzo': me hice inteligente, me entrené".

Durante sus estudios de licenciatura Gladys se enamoró y pololeó "con un tipo fascinante", pero mujeriego, cosa que ella terminaba por aceptar, lo que reconoce como un error suyo. "Uno aceptaba condiciones de subordinación pensando que era lo normal y no tuve la capacidad de decir 'así no quiero'. Yo creo que era algo cultural aprendido desde la cuna. 'Así era'". Más tarde encontró a otro hombre: comunista, por supuesto, se casó y se separó. "Es algo muy atávico de las mujeres: 'mujer que no se casa no es mujer', se decía", comenta Gladys.

Vino el golpe de 1973 y ella, como cientos, fue exonerada de su trabajo en la UTE, desempleo que la obligó a trabajar de inmediato como secretaria en una fábrica de fonolitas, y en marzo del 74 se incorporó como docente en uno de los tantos liceos de Santiago. Luego postuló a una beca FLACSO y partió a México a hacer un Magíster en Ciencias Sociales. Ahí se encontró con la élite cultural de América Latina, la del exilio y de otras filiaciones; sufrió "un shock cultural fuerte –dice–: adaptarse a un país nuevo no es fácil, aunque se hable el mismo idioma; en el lenguaje del exilio yo era de las de 'adentro', había vivido siete años de dictadura, tal vez los más duros, y eso se valoraba".

Gladys se emparejó con un mexicano, estableciendo una "relación totalmente asimétrica. Él se llevaba la parte del león. Jugué el papel de 'mujer que acompaña a...'. La que llevaba la casa, la que criaba a la niña, la que trabaja en una universidad, pero que no iba a congresos; el señor sí, claro, y si se quedaba muchos días no importaba, al cabo era yo quien estaba haciendo pie de casa, esperándolo y justificando su presencia-ausencia. Él tuvo un desarrollo académico de primera línea y yo observé que el tipo era muy inteligente y yo no. Y me decía a mí misma: 'si este tiene todas las de ganar, que las gane; yo me pongo en segundo plano; yo me anulé a mí misma, pero no es culpa de él. No me lo impuso; usufructuó de la situación porque yo lo permití. Yo me asumí como menos..." Después de doce años de matrimonio se separaron. "Tal vez valga la pena recordar lo que Sara Sefchovich,[93] socióloga mexicana, dice en alguno de los textos que ha escrito a propósito de las mujeres de hombres que empezaron a ser poderosos y luego alcanzaron la cima o están por alcanzarla: fui la mujer de la 'sopita de fideo', por

---

[93]   *La suerte de la consorte. Las esposas de los gobernantes de México: historia de un olvido y relato de un fracaso*, México: Océano, 1999; Sara Sefchovich es por lo menos autora de otras diez obras de reconocido prestigio en los estudios de género, entre los cuales está uno de Gabriela Mistral.

oposición a la de caviar y oropeles, porque esos hombres luego buscan y encuentran mujeres que de prestado disfrutan del poder adquirido por el hombre que tienen al lado, y la que los ayudó a salir adelante –aun a costa de sí mismas– cae en el olvido".

Gladys siguió adelante con su tenaz "cultura del esfuerzo" que la caracteriza, sacando con éxito su doctorado y desarrollando interesantes investigaciones sobre la historia social, económica y familiar mexicana. Eligió el estudio de familias de la élite regionales para comprender y mostrar cómo estas se adueñaron del control económico y político de ciudades y regiones enteras; durante el siglo XIX. "Ahora no me siento para nada en desventaja; estoy consciente de mi valor y de lo que puedo; percibo que nunca antes me valoré".[94] Reconocimiento de su valor que se ha traducido hace varios años en ser integrante del Sistema Nacional de Investigadores de México, como Investigador Nacional Nivel I y que este año se ha hecho público a través del otorgamiento a Gladys del diploma de "Andina Destacada 2008 en el área de la Educación" por parte del municipio de su ciudad natal, brillando la Cordillera de Los Andes con su nieve rosada este invierno no solo para Gladys, sino para todas aquellas y aquellos que, como ella, han hecho de la "cultura del esfuerzo" su vocación y forma de vida, porque la bella y significativa biografía de Gladys nos muestra las posibilidades de desarrollo que, especialmente a través de las oportunidades educacionales a nivel de enseñanza de un liceo de calidad y de una educación superior abierta, ofreció una época de la historia de Chile a sectores sociales de escasos recursos y de gran esfuerzo personal, como ella. No obstante, su vida también nos muestra que, a pesar de todos los cambios sociales y educacionales que beneficiaron en los años 60 y 70 a los sectores y mujeres populares, eso no fue bastante para generar una auténtica emancipación femenina. Junto a los cambios impulsados, pervivía una estructura machista en las relaciones hombre-mujer que incluso podía llegar a negar el desarrollo propio de la mujer, adquirido con tanto esfuerzo. A punta de dolores y voluntad de superación, y especialmente a través de un largo proceso de autorreconocimiento y, finalmente, de público reconocimiento, Gladys y tantas otras mujeres han podido hacerse su propia emancipación al alborear este siglo XXI.

---

[94] Afortunada entrevista a Gladys Lizama en mi departamento frente al río Calle Calle, aprovechando su pasantía académica en Chile. Le agradezco muchísimo la entrega de su interesante testimonio de vida.

9. La *Paloma* alza su blanco vuelo. Las mujeres en la sociedad de los setenta

Hay una ciudad muy lejos / hay una ciudad muy lejos / pa´ allá los pobres se van/
las murallas son de pan / y los pilares de queso. //
Llevado de este protesto / la ciudad tiene su olor / y por el mesmito olor que por hai se
origina / las tejas son de sopaipillas / los ladrillos alfajor. //
La ciudad de Cofralande / la ciudad de Cofralande / es muy buena pa´ los pobres /
allí no se gasta un cobre / los comercios son de balde. //
Es cosa muy admirable / los vivientes bien lo dicen / por hambre naiden se aflige /
ninque lo quieran pasar / y p'al que quiera fumar / hay cigarros de tabique. //
Hay un estero de vino / hay un estero de vino / que atraviesa la ciudad / y son de
harina tostá / los arenales que vimos. //
Los que pasan po' el camino dicen / aquí está lo bueno / y se atracan sin recelo /
del poder que los anima / agarran vino y harina / y hacen el pigüelo.

Violeta Parra

Para la mayoría de las mujeres del pueblo, la mano del Chicho flameando en el balcón de La Moneda, con la banda presidencial cruzándole el corazón, no solo fue motivo de alegría y esperanza, sino también de alivio. Un sentimiento de descanso, de poder descargar el peso de sus esfuerzos, dolores y anhelos en un gobernante que ya había demostrado su preocupación por el pueblo y, especialmente por sus mujeres e hijos. Y coparon las calles, con todos los suyos, para celebrar el alivio histórico de su angustia y cansancio.

El nuevo gobierno de Salvador Allende comenzó a dar señales de su voluntad política de protección al pueblo, especialmente a los niños, a los que declaró "los únicos privilegiados de su gobierno": *Campaña Nacional de Leche*, que contemplaba la entrega de ½ litro de leche a todos los niños chilenos y a las mujeres-madres que la requerían, además de un millonario programa de nutrición de los escolares;[95] creación de la *Comisión Nacional de Emergencia en Salud*, que lanzó a la calle a miles de brigadistas

---

[95] El programa estaba destinado a nutrir diariamente a casi 1.200.000 personas, entre menores de 2 años, preescolares, mujeres embarazadas, etc.

universitarios a visitar las casas de los más pobres en busca de los niños desnutridos, raquíticos, enfermos; partida al sur del *Tren de la Salud*, cargado de médicas, matronas y médicos jóvenes, los que con guitarra, canto y maletines de instrumentales y medicinas, llevaron la buena nueva del cuidado de los cuerpos del pueblo de Chile a las ciudades y pueblos apartados, todo lo cual fue generando en la población un sentimiento y espíritu de "pertenencia comunitaria a la nación", terminando con el miedo y el desamparo. Es decir, en forma lúcida, el gobierno de la hora gobernó de inmediato sobre el cuerpo popular, tomando medidas de equidad en salud, porque bien supo que es en este ámbito, en el del cuerpo, donde todos somos esencialmente "iguales" y, por lo tanto, cualquier inequidad histórica en lo corporal constituye una *inequidad absoluta*, una injusticia por excelencia que, por lo mismo, requería y requiere una pronta, urgente y radical reparación. Por eso será, sin duda, en el campo de la salud pública donde el gobierno de Allende realizará la mayor y más radical transformación institucional democratizadora, con el objetivo ético y estratégico de reparar la más injusta e indigna desigualdad: la de la sanación del cuerpo. Esto se expresó en un drástico aumento del gasto per cápita en salud: de \$27,80 (1965-70) a \$36,19 (1970-73);[96] en la presentación del proyecto de ley de duplicación del período postnatal de seis a doce semanas, en resguardo de la lactancia materna (proyecto aprobado unánimemente por el Congreso Nacional)[97], así como en la creación de organismos de participación de los distintos estamentos de la salud como de la sociedad civil, rompiendo con la tradicional verticalidad y "sistema de castas" en la institucionalidad de salud pública.

Poniendo Allende la preocupación de su mirada sobre el núcleo vital de la familia popular, el proyecto de *Ministerio de la Familia* entró al Congreso Nacional firmado por su mano el 28 de diciembre de 1970. El objetivo del Ministerio sería "procurar la integración y desarrollo del grupo familiar; promover su incorporación a las organizaciones sociales, al desarrollo cultural, a la recreación y al descanso; atender a los grupos familiares y a las personas que se encuentran en estado de indigencia y procurar la solución de los problemas relativos a menores en situación irregular". Sin dejar de mirar por el grupo familiar en su conjunto, el *Ministerio de la Familia* proyectaba focalizar su trabajo en aquellos tres grupos considerados los más vulnerados de la sociedad: los niños, las mujeres y los ancianos; se pretendía incorporar a la vida activa a todos aquellos mayores de 55 años que estuviesen en condiciones de hacerlo, aprovechando sus energías para que se sintieran útiles a la sociedad. El Ministerio futuro miraba especialmente sobre la mujer, procurando facilitar su incorporación "al proceso productivo, al desarrollo cultural y social y a las organizaciones comunitarias. Al mismo tiempo, deberá concretar la igualdad jurídica con el hombre, así como la

---

[96]   E. Morales, "Sistema político, planificación y políticas públicas. La política de salud, Chile, 1964-1978", Santiago, Chile, Flacso, 1981, citado en M. A. Illanes, *En el nombre del pueblo...*, op. cit., p. 503.

[97]   *Paloma*, Nº 2, 28 de noviembre, 1972, p. 8, "Tres meses de post-natal".

estructuración y defensa de sus derechos laborales y previsionales. El Ministerio deberá valorar, también, la situación de la dueña de casa, reconocer su condición de miembro de la población activa del país y promover su integración al sistema previsional. Será, entonces, el Ministerio de la Familia el que deberá impulsar el reconocimiento al trabajo de la dueña de casa, tan pocas veces valorizado en toda su magnitud".[98] El Ministerio, así, pretendía incentivar la inserción productiva de mujeres y ancianos, pero no se agotaba en ello; le interesaba la protección propiamente tal de todos los miembros de la familia a través del reconocimiento social de su valor y de su aporte. Pero el Ministerio, como tantas otras iniciativas justicieras de Allende, fue un sueño más de nuestra historia de los setenta: entró al Congreso para quedar encerrado allí, bajo las siete llaves de la bóveda del silencio.

Esto el gobierno lo había previsto; entretanto y en lo inmediato creó la *Consejería Nacional de Desarrollo Social*, presidida inicialmente por Carmen Gloria Aguayo y luego por la profesora normalista Gladys Arancibia, organismo gubernamental que buscaba trabajar directamente con la base social, las organizaciones laborales y poblacionales, apoyándose principalmente en las mujeres y poniendo su mira en las necesidades de la vida cotidiana o de la existencia humana por excelencia. Una de sus primeras campañas fue la de Turismo Popular para el contentamiento y descanso del cuerpo y alma del pueblo en cabañas cerca del mar... "Queremos impulsar el desarrollo y la creación de Centros de Madres y Juveniles, de Juntas de Vecinos, de Jap, de Brigadas de Salud, de Clubes Deportivos. Todo va orientado hacia la familia en general. Buscamos luchar por el mejoramiento de sus condiciones de vida: salud, vivienda, abastecimiento, educación, recreación y cultura", declara Gladys. El motor de estas iniciativas debían ser las mujeres, las que habían de ser "combativas" en la lucha por sus demandas. Lo más urgente ya se estaba solucionando: la nivelación de estudios de las mujeres: el Ministerio de Educación había enviado profesores voluntarios a los Centros de Madres, preparándose las mujeres para cursos de especialización. "¡Atención!", advierte Gladys; "que desaparezca la idea en las mujeres adultas de que la mente vieja está cansada. El Ministerio tiene métodos de enseñanza para todas las edades y espera a cada una de las chilenas que quiera seguir aprendiendo".[99]

Labor significativa de la Consejería fue la organización de las *Brigadas de Salud*, en su mayoría compuestas por mujeres pobladoras, las que quedaron definidas como "organizaciones funcionales, democráticamente generadas a nivel de la comunidad", destinadas a "enfrentar los problemas de salud y resolverlos mediante la actividad diaria de sus miembros en tareas concretas y definidas, planificadas de acuerdo a su

---

[98]   *Paloma*, N° 3, Santiago, 12 de diciembre, 1972, p. 6.

[99]   "Nueva Consejera de los chilenos", Ibid., p. 14.

realidad local".[100] Así, a las *Brigadas de Salud* se integraron masivamente las pobladoras que se capacitaron para hacer "controles sanos" a los más pequeños y a sus madres, comunicando fluidamente a las familias populares vecinas con los consultorios, los que se transformaron en las instituciones de mayor cercanía con el pueblo y sus necesidades corporales. Verdaderas escuelas de dirigentas de base en salud, las Brigadas formaron *Responsables de Salud* elegidas democráticamente en cada barrio, aprendiendo a hacer suyo el compromiso con la sanación y cuidado del cuerpo de la comunidad vecinal. Articuladas con los Centros de Madres, a las mujeres organizadas en estos Centros y Brigadas se les otorgaron amplias atribuciones en materia de prevención de la salud poblacional, constituyéndose en agentes constructores de comunidad con un fuerte espíritu de responsabilidad social. Así se abrieron las puertas de las instituciones de salud a la calle, llegando al barrio y las casas del pueblo por la intermediación de las mujeres de las Brigadas, las que ayudaron decisivamente a la ampliación y democratización de las políticas sociales de prevención en salud. Las mujeres del pueblo se movilizaron y comprometieron en la gobernabilidad social sobre sus cuerpos, construyendo democracia desde su propia experiencia comunitaria.

Al mismo tiempo, el gobierno creó la *Secretaría Nacional de la Mujer*, dependiente de la Presidencia de la República, la que fue albergada en 16 de los 23 pisos del emblemático edificio de la UNCTAD III, el que fue bautizado con el nombre de nuestra gran *Gabriela Mistral*. La *Secretaría* "fue creada para trabajar con las mujeres en la difícil lucha por incorporarlas al proceso productivo, defender sus derechos frente a la sociedad, al marido y a los hijos". Se trataba de capacitar a las mujeres para que alcanzaran "un papel más digno que el de lavar, cocinar, planchar, coser", con el fin de servir a la comunidad. María Eugenia Bilbao era la encargada de organizar la serie de cursos que se impartirían con profesores *ad honorem*, tales como nivelación de educación básica, cursos de salud, artesanía, folklore, vestuario, de desperfectos del hogar, de inspectoras de DIRINCO, de Activistas de Salud, entre otros, destinados a mujeres populares, especialmente de Centros de Madres, Juntas de Vecinos y Confederaciones Campesinas, a través del otorgamiento de becas;[101] un "programa cuyo objetivo principal –dice María Eugenia– es incorporar a la mujer al proceso productivo, social, cultural y económico del país".[102]

Pasados seis meses, los dieciséis pisos del edificio *Gabriela Mistral* hervían de mujeres dueñas de casa; 350 mujeres cada quince días aprendiendo y capacitándose: eran estudiantes, pájaras que se escapaban del encierro y atrofia de sus alas. De estas

---

100   Consejería Nacional de Desarrollo Social, "Las Brigadas de Salud" (Instructivo), Santiago, Quimantú, 1972, citado en M. A. Illanes, *En el nombre del pueblo...*, op. cit., p. 483.

101   "Vamos, mujer...", *Paloma*, N° 3, Santiago, 12 de diciembre, 1972, p. 15.

102   "Vamos, mujer...", Ibid., pp. 34-37.

350, cien venían becadas desde las provincias, de norte a sur, las que se alojaban y alimentaban en el propio edificio, disfrutando de algunos paseos y visitas a lugares de interés cultural de la capital y los alrededores, teniendo la oportunidad de intercambiar opiniones y conocerse en torno a sus diversas experiencias; un verdadero regalo de la vida. "Venir acá es como un adelanto para la mujer, una experiencia para una que pasa todo el día encerrada en la casa", comenta Diana. "Muchas nos hemos dado cuenta de que con la monotonía diaria nos sentíamos solas, como ermitañas, y ahora entre todas, con la compañía... nos sentimos felices".

En el gran edificio Gabriela Mistral convivían mujeres de distintas edades, lugares e ideologías; "aquí todas somos mujeres que tenemos que hacer algo para la comunidad, luchar para que el país salga adelante"; ya que aquí "no se considera más a la mujer como un objeto o una cosa doméstica. Porque cuando una se queda solamente en las cosas de la casa se estanca...", son las palabras de Graciela, madre de siete hijos, que se animó a abrir para ella misma las puertas de su casa.

Pasando de uno a otro curso, de la moda a los desperfectos, del folklore a la salud, esas mujeres de 20 a 70 años comenzaron a sentir la apasionante y liberadora experiencia de romper con los roles de género tradicionales y la dependencia que ese orden social le generaba. "Me encantan estas cosas que hacen siempre los hombres", confiesa una Gabriela, conectando cables... "siempre tengo que andar rogando que me hagan las cosas y andar con apuros, o me salen unas cuentas fabulosas de agua cuando están malas las llaves", dice una Laura. A muchas les atrajo el curso de "Activistas de Salud" dictado por la doctora Elena Gálvez y destinado a insertar a las mujeres en la responsabilidad por el cuidado de la salud de su comunidad, formando parte de las Brigadas de Salud en coordinación con el consultorio de barrio. "Ellas están conscientes de que la mujer ya tiene un papel que cumplir; que hay un proceso en el país en el cual nadie puede quedarse de brazos cruzados", comenta la *Paloma*. "Hay que servir a la comunidad, ayudar lo más posible para poder seguir para adelante, avanzando cada día más", dice por su parte Gladys Vidal, presidenta del Club Juvenil de la Población 6 de Enero. Por su parte, las mujeres que se preparaban de inspectoras de DIRINCO aprendían legislación, política económica, matemáticas, sistemas de distribución y funcionamiento de una JAP, con el fin de asesorar a los funcionarios titulares de DIRINCO y ayudarles en el control de precios y sistemas de distribución de alimentos en su barrio: "Es una tarea que ayuda al pueblo y al gobierno que tenemos", comenta Lena. Además de sus cursos específicos, todas las alumnas recibían charlas en el edificio Gabriela Mistral sobre "Capacitación Familiar", donde aprendían administración de presupuesto y de alimentación barata y nutritiva, así como charlas de "Realidad Nacional", basadas en un panorama del desarrollo histórico de Chile y en un debate en torno a los temas más candentes que se vivían en la contingencia nacional: la distribución del abastecimiento, la Escuela Nacional Unificada, la situación económica; charlas a través de las cuales se buscaba develar "a la mujer la realidad que está viviendo, para que comprenda mejor los procesos que se desarrollan a su alrededor y en los cuales ella debe ser un elemento activo", comenta la Paloma. "Yo vivía en la luna...", reconoce Mariana; ahora, con los pies bien hendidos en la tierra patria, entendía el problema del cobre...[103]

Este no era el único programa de la *Secretaría Nacional de la Mujer*: en su "Programa Laboral" trabajaba en conjunto con sindicatos y organizaciones laborales, impulsando diversas iniciativas tendientes a coordinar las responsabilidades familiares de las mujeres con el creciente desafío de su inserción laboral. La iniciativa más exitosa: un plan de comidas listas, ricas y baratas funcionando en varias industrias, comidas que las trabajadoras podían comprar al terminar la jornada para llegar a casa, poner la mesa y servir: tremendo alivio, evitando el tener que cocinar de madrugada o el llegar a cocinar con el cansancio agobiándole el cuerpo y el alma. La *Secretaría* había pensado también en las empleadas domésticas, tocando el nervio de su problemática existencial: creando guarderías infantiles para sus hijos y un Hogar Post-natal donde poder recuperarse luego de dar a luz. En su *Oficina de Informaciones*, la *Secretaría* recibía las inquietudes de las mujeres acerca de aquel misterioso mundo de los trámites de pensiones, jubilaciones y otros tantos, los que siempre constituyen una pesadilla e impregnan de miedo a los simples seres humanos al saberse inmersos en la burocracia y el "sistema". En su "Programa Niño", la *Secretaría* proyectaba dar enseñanza extra-escolar a niños con problemas de aprendizaje. "Y así, día a día, la Secretaría Nacional de la Mujer se esfuerza por ser un organismo que represente a todas las mujeres de Chile y colabore en la realización de cada una como mujer, ciudadana y trabajadora", comenta la *Paloma*.[104]

En su gran mayoría, las mujeres, desde los años 60 y especialmente durante el gobierno de la Unidad Popular, se movilizaron y participaron ampliamente, desde los distintos lugares de su ubicación social y productiva, del proceso político, social, económico y cultural que vivía el país. Y así como en los sectores populares las mujeres, en su mayoría, participaron en los procesos social-democratizadores de los gobiernos D.C. y de Allende (Juntas de Vecinos, Centros de Madres, Brigadas, JAP, Sindicatos, etc.), en algunos sectores medios y en los sectores mestizos burgués-aristocráticos, las mujeres se movilizaron ampliamente en vista de la oposición a dichos regímenes políticos, con especial énfasis en contra del gobierno de la Unidad Popular, jugando un papel decisivo en su derrocamiento. Decididamente, en esta hora histórica, se cayeron los últimos muros que aún pretendían encerrar a las mujeres en la histórica domesticidad conventual; más bien, todos los proyectos políticos las necesitaron y rompieron ellos mismos dichos muros, requiriendo su presencia, su compromiso y su marcha. Aunque

---

[103]   Ibid., pp. 34-37.

[104]   Ibid., p. 37.

ya la Violeta no estaba para cantarlo, las mujeres en Chile culminaron su proceso de emancipación como politización.

Así, luego del Paro de Octubre de 1972 o la gran huelga general de la oposición al gobierno de la Unidad Popular, y ante la evidencia del creciente protagonismo de las mujeres de clase media en torno al objetivo del derrocamiento del gobierno, nació *Paloma* (14 de noviembre de 1972), editada por Quimantú, ex Zig-Zag, la editorial tradicional de las revistas femeninas. *Paloma* no solo era una revista femenina, sino también feminista, dirigida especialmente a las mujeres de clase media, empapada del ideario del gobierno de la Unidad Popular y fiel exponente de la revolución cultural que estaba ocurriendo en ese momento en las relaciones entre los sexos.

Paloma muestra, en sus primeras páginas y en medio de la vorágine política del país, su impronta feminista, atreviéndose a penetrar en la vida íntima de la relación de pareja, a nuestro juicio, uno de los nudos más difíciles de desatar y que han impedido, en "última instancia", la igualdad de géneros y la emancipación femenina. Al respecto, encarnando una época que se abría a la crítica de todas las estructuras de dominación, *Paloma* entra a hablar abiertamente de sexo en el matrimonio, destapando el velo de lo que ya entonces estaba poniendo en jaque a las relaciones matrimoniales: la dicotomía entre "la mujer-amante", atractiva y plenamente sexuada y la "mujer-esposa", definida básicamente como madre, asexuada, aceptando la negación de su atractivo y su deseo y resignándose a las "canas al aire" del marido como algo inevitable, sumiéndola en la insatisfacción y la subordinación. *Paloma* atribuye el problema a una "educación distorsionada" que apuntaba al punto crítico de la cuestión: la virginidad, presagiando la gran revolución sexual que ya advenía en la sociedad de fin de siglo:

> Como las mujeres deben llegar vírgenes al matrimonio –dice *Paloma*–, la prostituta o la empleada de la casa han sido habitualmente las 'maestras' en los caminos del sexo. Con este aprendizaje, es lógico entonces que dentro del matrimonio muchos hombres no se atrevan a echar su imaginación al vuelo y a emplear técnicas que para ellos son satisfactorias o introducir innovaciones en el acto sexual, porque se sienten mancillando la pureza de su mujer. Durante mucho tiempo, por su parte, las mujeres no se han atrevido a sentir placer debido a una educación religiosa que igualó placer sexual y pecado...

Paloma está por poner fin a esa dicotomía vampiresa-esposa y por la construcción de relaciones matrimoniales "satisfactorias y maduras", por lo que insta a las parejas casadas a romper con los tabúes sexuales y a atreverse al goce, a la innovación y al encuentro basado en el amor y la genitalidad "como un valioso elemento de comunicación".[105] Modelo de pareja sólida, feliz y madura para *Paloma* era la conformada entonces por Shenda Román y Nelson Villagra, actores de teatro, aunque Nelson se cuidó de inmediato de que no se les mostrara como el prototipo de la "familia feliz a la americana".

---

[105]   *Paloma*, Nº 1, Santiago, 14 de noviembre, 1972, pp. 28-30, "El matrimonio, ¿la tumba del sexo?".

Shenda, por su parte, reconoció su felicidad de 13 años de vida junto a Nelson y sus hijos. Actriz innata desde el liceo, Shenda llegó desde el norte a la capital a estudiar teatro a "la Chile". En busca de un teatro "no burgués", Shenda y Nelson, junto a Jaime Vadell, Delfina Guzmán y Luis Alarcón formaron una compañía llamada "El Cabildo", que se estrenó con la obra "Tres tristes tigres", con gran éxito de crítica, pero con cansancio escénico de esta pareja de artistas que se cuestionaba las tablas como escenario para unos pocos y exclusivos. Entonces incursionan también exitosamente en el cine, actuando juntos en la famosa cinta *El chacal de Nahueltoro*, basada en un caso de asesinato múltiple de una mujer y sus hijos, donde se revela la crítica situación que vivían campesinos expulsados de un fundo de Chillán, la tierra de Villagra. Inconformes con que la cinta no llegara al pueblo, Shenda y Villagra le sacaron copia de 16 mm y la difundieron en campamentos y sindicatos, "discutiendo sobre la justicia de clase, de cómo José del Carmen Valenzuela mató a su familia porque no encauzó su rebelión en términos organizados. ESA ES, ESA ES, la labor que justifica nuestra profesión", dicen Shenda y Nelson a *Paloma*, expresando su preocupación por la necesidad de diseño de una "política artística" que supere la era de las "tribus" en el teatro.[106] No cabía duda de que la "felicidad" de que hablaba la pareja Shenda-Nelson no era "a la americana", encerrada en su propio clan familiar; hasta la "tribu teatral" les quedaba estrecha: su felicidad era la pasión compartida de su compromiso con el pueblo.

Otro rostro feminista de *Paloma* se revela cuando abre su texto para mostrar a las mujeres nuevas que está produciendo el proceso histórico del momento: trabajadoras autogestionadas, dirigentas de sindicatos, etc. "Una mujer dirige predio con 58 campesinos" anunciaba el titular cuyo artículo contaba la experiencia de Luz Escalona, madre de siete hijos, el menor de 11 meses, trabajadora de la lechería a cargo de su marido, elegida presidenta del Centro de Reforma Agraria "Fidel Castro", ubicado en Pirque, Puente Alto, comuna cercana a la capital, centro calificado como "modelo" y visitado por nacionales y extranjeros, entre ellos, la visita estrella de la astronauta rusa Valentina Tereshkova. El "suceso Luz" se calificaba como sorprendente, ya que "si el chileno es machista...los campesinos 'se pasan'". Elegida en forma provisoria, Luz fue reelegida. "Tenía un poco de miedo al ser elegida. Sabía que era primera vez en el país que se elegía a una mujer. Era harta responsabilidad. Sentirme de la noche a la mañana reemplazando al antiguo administrador, me dio un poco de... ¿cómo decir?... no tanto temor, sino ¿qué irían a pensar los hombres? Que a lo mejor no iba a ser capaz".

El miedo ancestral de Luz tenía rostro: el hombre; no la sombra ausente del antiguo patrón, sino el compañero de trabajo, el hombre presente. "Entonces me dije: ¿por qué voy a tener miedo si no estoy haciendo nada malo? ¿Porque soy mujer? Más responsabilidad voy a tener, y salí adelante", dice Luz. Pero el hombre presente, el

---

[106]   "Nelson Villagra y Shenda Román. Somos terriblemente felices, per...", Ibid., p. 7.

compañero de trabajo la eligió y aplaudió; su marido ha comprendido que no puede esperar las camisas planchadas a tiempo... ¿Estaban los hombres cambiando? Al menos, al parecer, estaban transando: que las mujeres podían ser buenas dirigentas además de dueñas de casa y que más valía una camisa arrugada que una mujer perdida para la comunidad, encerrada en casa.

Combinando sus labores gremiales y de madre y esposa, Luz comenzó a trabajar: a las seis de la mañana estaba en pie preparando a los niños para el colegio, sirviendo el desayuno a su esposo, arreglando la casa; a las 10 A.M. llega al Centro y parte a realizar trámites en las oficinas públicas y con las empresas privadas: convenio con la CORA para construir dos pabellones avícolas y diez casas para las familias más hacinadas; obtención de vacunas, créditos, compras de alimentos para el ganado fino y su venta en la FISA; proyecto de sala cuna...; en general, los campesinos del "Centro de Reforma Agraria Fidel Castro estaban logrando un muy buen nivel de productividad, lo que les estaba permitiendo "prosperar": equipar sus casas con la tele y alguna modernidad de línea blanca. Se preparaban para celebrar una bonita Navidad.[107]

Paloma da a conocer a las mujeres los cambios legislativos que estaba intentando llevar a cabo el gobierno de Allende en vista de la igualdad civil de las mujeres, superando su "incapacidad" respecto de la ley y promoviendo su plena autonomía como persona y cuidadana. Pendía en ese momento del Congreso un proyecto de ley que confería la "plena igualdad civil de la mujer casada", mientras que el proyecto de nueva Constitución establecía como uno de sus principios básicos la igualdad de derechos de las mujeres y de los hombres "en todos los dominios de la vida económica, política, cultural, social y familiar", elevándose a rango constitucional las relaciones interfamiliares. Reconociendo a la familia como "la célula básica de la sociedad", el proyecto de nueva Constitución del gobierno de Allende –uno de cuyos redactores era Luis Maira– establecía la plena igualdad de derechos y obligaciones entre hombres y mujeres, así como la igualdad de las madres, cualquiera fuera su estado civil; la madre soltera y sus hijos dejarían de ser discriminados. Haciéndose responsable de la necesidad de protección de la familia, el Estado se comprometía a facilitar "su constitución y desarrollo", velando por una "procreación responsable y el cuidado y la maternidad del niño". Simultáneamente, se pensaba dictar un *Código de la Familia* para regular los derechos jurídicos de todos sus miembros, los que serían resguardados por *Tribunales de la Familia,* que sustituirían a los poco efectivos Tribunales de Menores.[108] Las reivindicaciones feministas se estaban haciendo carne en el gobierno de la Unidad Popular; sus demandas históricas buscaban su Texto, que escribía con

---

[107]   Ibid., pp. 114-115, Pablo Cruz, "Una mujer dirige predio con 58 campesinos".

[108]   "Plena igualdad para la mujer", *Paloma*, N° 4, Santiago, 26 de diciembre, 1972.

premura el principio de la igualdad de las mujeres. La tan esperada *mujer nueva* ya era pronunciada y escrita por la ley.

Pero no se trataba solo de un "feminismo institucional". En la sociedad nueva ya se pronunciaba a diario la palabra "machista" como descalificación, especialmente al momento de intentar definir los hombres su "ideal de mujer": como la fiel imitación de sus serviciales madres. Entonces se quejaban ellos de hallarse en una grave encrucijada y crisis identitaria varonil cuando, luego de haber sorteado, desde su infancia, los insultos de "mariquita", se encontraban en su adultez con la descalificación de su opuesto: machista. "Porque en los días que corren, al parecer se puede ser marica (...) sin que nadie arrugue siquiera el entrecejo, pero ¡ay del pobre varón! Que caiga en el pecado del machismo. A él está reservado todo el repudio de nuestra sociedad unisex",[109] se quejaba a la *Paloma* un atribulado señor varón. Y se lamentaba de que dicho concepto de "machismo" carecía de fundamento claro y estaba plagado de ambigüedades, sumiéndolos en el desconcierto. "lo que sí sabemos de seguro es que ser machista es muy, pero muy feo y que ningún hombre que se precie de tal puede caer en tan horrible aberración". De todos modos, el señor varón que escribe estas línea a *Paloma* abogaba la nada secreta esperanza de que esto no fuese más que una moda.[110] Sin duda, se equivocaba.

No solo la crítica al machismo llegaba para quedarse, sino que, como todo proceso revolucionario, este estaba llegando a la médula de una de las instituciones más tradicionales de la sociedad: el "matrimonio", el que estaba siendo enjuiciado por la nueva generación como "falso", es decir, fundado en conveniencias contractuales o en una inercia con olor a muerte e incluso en la mentira, situación que muchas parejas jóvenes no estaban dispuestas a vivir. Así, algunas osadas parejas estaban simplemente atreviéndose a saltarse el dicho matrimonio y su libreta, arrasando con uno de los tabúes más rígidos de la sociedad, partiendo a vivir simplemente "juntos" y mientras el amor fuera fecundo, acto que se calificaba unánimemente como "rebeldía"; una rebeldía silenciosa, íntima, sexual, que sin duda presagiaba un cambio cultural de proporciones no solo a nivel de las propias relaciones de pareja, sino a nivel de toda la sociedad. Cambio sigiloso que escondía los nombres y los rostros y que hablaba desde ciertos intersticios aún misteriosos. "Para J y M no fue difícil juntarse a vivir. Después de tres años de pololeo en los cuales las relaciones sexuales se daban con absoluta normalidad, la decisión de vivir juntos surgió como algo muy natural". Hacía año y medio que él, de 23 años, y ella de 20, habían tomado la decisión de realizar un proyecto de vida juntos, sin intromisión de la ley ni de la religión. "Mi madre no me puso objeciones –dice él– pero tampoco le agradaba mucho la idea, pese a ser una

---

[109]   Sergio Vodanovic, "Machismo", en *Paloma*, ibid.
[110]   Ibid.

mujer evolucionada. Pero al final, nuestra actitud como pareja, la imagen de respeto y amor mutuo que presentamos, la terminó por convencer definitivamente".[111] Esta pareja pionera no estaba sola, muchas otras seguirían su camino, trazando un nuevo surco en la historia de la tierra o del cuerpo y la cultura.

El rostro más femenino de *Paloma* era delicioso: decenas de exquisitas recetas de doña Berta que enseñaban a cocinar rico con poca plata: pan, budín, pejerreyes falsos y empanadas hechas con la tan nutritiva, ferrosa y popular acelga; recetas para menú de la dueña de casa, invitándola al "plato único" (preocupación de los varones, acostumbrados a dos y tres platos por cada sentada a la mesa): tortilla de lechuga con arroz, flan de porotos, rollitos de merluza con papas y ensalada, luchicán, arroz primavera... todo con proteínas que sustituían la carne, tan escasa en esos años y motivo de mucha cola y angustia de mujeres de clase media, acostumbradas a cocinar carne a diario. Barata, reconfortante y sabrosa era también la "sopa chilote", con papa rallada, ajo machacado, cebolla pluma y pimiento, todo al calor hirviente. ¡Charquicán, flan, caldillo y tomaticán de cochayuyo! Y al llegar la Navidad del 72, pan de Pascua y galletas navideñas de doña Berta con chancaca, jengibre, cardamón y betún.

Claro que las colas eran la pesadilla cotidiana de las mujeres chilenas de los 70, agolpadas mañana y tarde en busca del pan, de cigarrillos y de cualquier cosa de comer que se ofreciese, de pronto y a cualquier hora, tras alguna ventanilla de comercio o en cualquier calle, al pasar. Ante esta crisis permanente de abastecimiento, que minaba cada día la paciencia de la gente y, especialmente, de las dueñas de casa, el Ministerio de Economía decretó, en abril de 1972, la organización ciudadana y popular de las Juntas de Abastecimientos y Precios, las famosas JAP comunales y vecinales, bajo la dependencia de la Dirección de Industria y Comercio (DIRINCO). El objetivo principal de estas organizaciones era "racionalizar y programar la distribución" de mercaderías de consumo básico, lo que suponía desarrollar múltiples tareas en la comunidad vecinal: "informar a la unidad vecinal de los programas de abastecimiento y distribución, colaborar con los comerciantes del sector para conseguir productos, hacer un censo vecinal para conocer el número de familias y sus necesidades, establecer un sistema de distribución de mercaderías a través de listas, números y tarjetas"; las JAP –que debían reunir a un grupo de cien vecinos, además de las organizaciones comunitarias de la vecindad– tenían como misión luchar contra la especulación, el mercado negro y el acaparamiento, así como vigilar el cumplimiento de los precios oficiales y, especialmente, informar a la población y educarla en el consumo de productos nacionales y de sus problemas de abastecimiento, estimulando la formación de inspectores *ad honorem*, avalados oficialmente. Las JAP vecinales estaban supeditadas y se hacían representar en la "JAP comunal", que coordinaba las actividades de las JAP de base y las autoridades

---

[111]   Gabriela Meza, "El matrimonio al banquillo", *Paloma*, Nº 1, Santiago, 14 de noviembre, 1972.

administrativas, carabineros y el sistema nacional de comercialización y distribución de productos. *Paloma* se sumó a la campaña JAP difundiendo el instructivo de su conformación. Bajo el estímulo de la necesidad y con la capacidad organizativa que entonces manifestaba la población chilena, miles de JAP se fueron creando, legalizando y diseminando por barrios y ciudades a lo largo del país, organizando a los vecinos en comisiones que cumplían las diferentes funciones de abastecimiento, distribución, control e información, intentando "erradicar las odiosas colas",[112] tocando el nervio de la resistencia de la oposición realizada a través del acaparamiento y desabastecimiento de productos básicos, exasperando el ánimo de la vida cotidiana.

En 1972, la población total de Chile bordeaba los diez millones (9.853.000), cuya fuerza de trabajo femenina constituía el 23,70%: 668.041 mujeres (fuerza de trabajo masculina: 2.150.145, el 76,30%; fuerza de trabajo total: 2.818.185, el 28,60%);[113] de esta fuerza de trabajo remunerada femenina, la cuarta parte, es decir, 167.000 mujeres, eran "asesoras del hogar",[114] su empleo histórico, encarnación de la subordinación colonial y neocolonial al patronaje y expresión de una relación de servidumbre y, más que a menudo, de subordinación silenciosa y explotación doméstica de miles de mujeres y madres; hecho que ellas mismas y la propia sociedad del momento no podían soportar sin más, necesitando sacar a luz su contradictoria situación con la hora de emancipación que se vivía. Había llegado el momento histórico propicio para la demanda por su reconocimiento, organización y protección legal. Palpando esta oportunidad histórica para su propia emancipación, las Asesoras del Hogar se constituyeron en Sindicato con proyección de obtener personalidad jurídica para la formalización de sus demandas: fuero sindical, reglamentación de los despidos, normativa laboral que reglara el derecho a descanso, permisos especiales y vacaciones, así como su capacitación laboral a través de su incorporación a planes educativos. El memorándum de sus peticiones y aspiraciones gremiales fue entregado al Ministro del Trabajo y Previsión Social, Luis Figueroa, el 21 de noviembre, día que ellas instituyeron como el Día Nacional de la Asesora del Hogar; día emblemático para la historia de las mujeres trabajadoras domésticas de Chile (y del mundo), hecho que sin duda comenzó a enfocar otra mirada y valoración social de su trabajo, lo que ha tenido repercusiones hasta hoy.

Otros mundos tradicionales de la mujer popular chilena comenzaron a transformarse en esos años. Los Centros de Madres habían formado parte de las iniciativas patronales-femeninas y de las visitadoras sociales desde los años 40 y 50, como forma de integrar a las familias de los trabajadores a talleres y actividades de capacitación organizadas por

---

[112]   "Cómo y para qué nace una JAP", *Paloma*, N° 3, 12 de diciembre, 1972, p. 108.

[113]   J. Braun, M. Braun, I. Briones, J. Díaz, *Economía chilena, 1810-1995. Estadísticas históricas*, Instituto de Economía de la Universidad Católica de Chile, Doc. de Trab. N° 187, Santiago, 2000.

[114]   "Sindicato Único de Asesoras", *Paloma*, N° 2, Santiago, 28 de noviembre, 1972.

las empresas, con el fin de propiciar una mayor integración del obrero a la industria y, en última instancia, fomentar la armonía social capital-trabajo, gravemente conflictuada en el siglo XX. Como se sabe, con posterioridad el gobierno de Frei Montalva propició y legalizó los Centros de Madres poblacionales, donde las mujeres de la población se socializaron, realizando algunos trabajos artesanales que solían vender en ferias navideñas y otros eventos sociales. Estos Centros de Madres, que comenzaron a atraer a su seno a la mayoría de las mujeres populares dueñas de casa, comenzaron a vivir las tensiones políticas propias de los años 60 y 70, siendo ya atraídas por los distintos partidos que entraron a disputárselas o siendo objeto de duras críticas por parte de algunos sectores que las vieron como células reproductoras de las funciones tradicionales de la "mujer/madre/dueña de casa", percibiendo a dichos Centros como socialización de refugio frente a las transformaciones tanto de los roles de género como de la sociedad en su conjunto. En medio de esta tormenta de disputas y críticas, *Paloma* quiso dar a conocer el proceso de cambio que también estaba llegando a algunos de estos Centros de Madres, los cuales sin duda no fueron impermeables a la hora histórica que se vivía. Voló y se aproximó a observar lo que ocurría en el Centro de Madres de la industria azucarera IANSA de Los Ángeles, compuesto de 42 socias, esposas o parientes de los operarios de temporada de esa industria. Dicho Centro tenía 15 años de vida, es decir, se había fundado el año 1957, en tiempos de la política asistencial de Ibáñez y bajo ese predicamento favorito de su política social, cual era el de la integración de la familia del trabajador a la industria como vía de armonización entre las clases. Dedicadas a las labores tradicionales de cocina y costura, estas estaban tomando el carácter de una seudoempresa cooperativa productiva, teniendo como cliente de sus productos a la propia industria: contaban con maquinaria industrial *ad hoc* –el Centro de Madres produjo las más de 1000 empanadas para celebrar las fiestas patrias de la Planta, así como los 3000 overoles con que la planta vestía a sus operarios–. "Después de 15 años de vida de nuestro Centro, proyectamos crear una verdadera industria de overoles que sirva a toda la provincia", dice Edith, la secretaria. Con sus beneficios, el Centro apadrinaba la escuela rural de Máfil, próxima a la cordillera, confeccionándoles bolsones y entregándoles gorros de lana y botas de goma[115] para proteger sus "piececitos de niños" del copioso barro invernal. Para no quedarse atrás en esta iniciativa que organizaba con entusiasmo y sin restricciones desde hacía décadas a las mujeres de Chile, *Paloma* decide abrir también su centro de madres "Paloma", que se instaló en el centro-poniente de Santiago, ofreciendo cursos y charlas sobre los temas acuciantes de la mujer de la hora. Otro centro *Paloma* también se formaba en Angol.[116]

---

115   *Paloma*, ibid.

116   "Nacen centros de madre 'Paloma'", en *Paloma* nº 10, Santiago, 12 de junio, 1973.

Con mucho entusiasmo y sus alas desplegadas, no volaba, corría la *Paloma*, como las mujeres, felices de andar revoloteando fuera de casa en busca de un mejor vivir, trabajar y disfrutar. Por ahí andaban, vívidas, trabajando, estudiando, comprometidas, activas: las Lumis Videla, las Elbas Burgos, las Cármenes Arriagada, las María Isabel Beltrán, las María Inés Alvarado, las Muriel Dockendorff, las Elsa Leuthner, las Jacqueline Drouilly, las Diana Arón, Las María Teresa Bustillos, las Michelle Peña, las Julia Retamal, las Mirta Alonso, las Cristina Carreño...

Y si la *Gabriela* se había hecho útero-edificio para cobijar a todas las palomas emancipándose y comprometiéndose, allí estaba acompañándolas también la ausente presencia de la *Violeta* en el canto de sus hijos en la "Peña de los Parra" cada noche santiaguina, con vino navegado, sopaipillas y mucho aplauso. Pero los Parra estaban tristes; quizás sentían de antemano... sabían cantando el estribillo de Ángel: *"Vamos subiendo la cuesta/ vamos llegando al final..."*, o con el verso de Neruda: *"Parra eres / y en vino triste te / convertirás"*.

10. El túnel o la dictadura (oscura transición al siglo XXI). Las historias de Lucrecia y Valentina y el movimiento feminista de los '80

No siempre los historiadores periodificamos cronológicamente. A nuestro juicio, *en septiembre de 1973 termina abruptamente el siglo XX*: un siglo que, desde 1900 y antes, hizo de su proyecto de ampliación democrática y de participación social –con todas las tensiones y contradicciones que esto implicaba–, el *leit motiv* de sus proyectos políticos y de su política social, tanto a nivel de la sociedad civil como de los partidos políticos y del Estado.

Un proyecto democrático del cual las mujeres de todos los estratos, especialmente de clase media y populares, no solo se hicieron plenamente partícipes, sino que se lo apropiaron como un proyecto propio, organizándose, educándose y dando a luz prensa social-feminista en vista de su emancipación de género y de clase, así como en vista de la protección de sus hijos, gravemente vulnerados por las deterioradas condiciones de vida de la clase trabajadora.

A partir de septiembre de 1973 comienza un período nuevo de la historia de Chile; un período, por decir lo menos, extraño a toda la tradición de nuestra historia republicana, en el cual, como sabemos, se gobierna sobre la base del terror institucional con el fin de barrer tanto con el sistema democrático como con el proyecto de desarrollo capitalista tradicional, el que, desde las décadas de 1920 y especialmente luego de la crisis de 1930, había sido interceptado, en todos los países del mundo occidental, por límites legales e institucionales que abrían tanto la posibilidad de la redistribución social del beneficio y la propiedad, así como habían inducido la convivencia en su interior de otros sistemas alternativos bajo la conducción del Estado, tal como se vivió en Chile en la década de 1960 y primeros años de 1970. Momento este último en que la convivencia en el seno del capitalismo de una vía al socialismo se había vuelto, sin duda, un problema difícil de resolver por la vía de "la tregua" política –según la propuesta del cardenal Silva Henríquez– o del pacto político, la elección y el plebiscito, cual fue la opción permanente del gobierno y de la persona de Salvador Allende.

En la interrupción de dicho proyecto democrático social por la vía armada y protagonizado por las fuerzas armadas de la nación, jugaron un papel importante las mujeres de la oposición, las que, movilizadas con sus cacerolas y lanzando maíz a los "gallinas-machos- militares", induciéndolos a su golpe de fuerza armada, reveló que las "mujeres" no constituyen una categoría puramente genérica, sino que están atravesadas por otros factores, como lo de sus propios proyectos culturales y de clase. Así, mientras se perseguía, violaba, mataba, desaparecía y exiliaba a cientos de mujeres desarmadas por el "pecado" de su compromiso con el gobierno democrático-prosocialista de la Unidad Popular, las "mujeres de Pinochet" ofrendaban sus joyas ante el altar de la patria y comulgaban el Cuerpo de Cristo en sus iglesias de vírgenes engalanadas de perla: doble violación física y simbólica del cuerpo o la vida en la tierra de Chile.

El Informe Valech, emitido en 2003 bajo el gobierno de Ricardo Lagos y presidido por el obispo Valech,

> determinó que las chilenas y los chilenos agredidos sufrieron torturas como golpizas, colgamientos, lesiones corporales deliberadas, posiciones forzadas, aplicación de electricidad, amenazas, simulacro de fusilamiento, humillaciones y vejámenes, desnudamientos, agresiones y violencia sexual, presenciar, ver u oír torturas de otros, ruleta rusa, presenciar fusilamientos de otros detenidos, confinamiento en condiciones infrahumanas, privaciones deliberadas de medios de vida, asfixias, exposición a temperaturas extremas.

> Impactó el caso de más de **tres mil trescientas mujeres** que denunciaron haber sido víctimas de agresión sexual y de trescientas dieciséis que fueron violadas. Se supo de la violación a través de animales y la introducción de ratas y palos en la vagina de decenas de víctimas. Trece mujeres afirmaron que quedaron embarazadas de sus violadores y se presentaron testimonios de hijas e hijos producto de la violación.

> El Informe Valech confirmó la existencia, durante la dictadura, de mil ciento treinta y dos lugares de detención y tortura. Entre ellos, cuarteles, bases navales y aéreas, comisarías,

escuelas, retenes, prefecturas, escuelas militares, barcos de la Armada, barcos mercantes, estadios, casas patronales, universidades, estaciones de trenes, etc. [117]

La historia de Chile fue memoria arrasada; la gran mayoría perdió sus raíces... la tierra se volvió ácida, extraña y venenosa. Delaciones de vecinos otrora amables, allanamientos nocturnos, golpes prepotentes en las puertas donde habitaban niños, llevándose a sus madres y padres a la ausencia y la muerte; autos sospechosos instalados en las esquinas con personajes ociosos de lentes oscuros en plena noche. Nadie estaba seguro: exoneraciones en las oficinas, campos y faenas; detenciones en masa y selectas, matanzas, persecución en las universidades, asilo masivo en las embajadas, exilio y diáspora hacia todos los pueblos del mundo...

Querida Angélica,

Me has pedido que escriba sobre mi exilio de casi quince años en Francia... compleja experiencia de vida. El tema a tratar es el tener que irse sin querer, a la fuerza, porque corres peligro, "porque eres un peligro"...; una situación que para mí fue dolorosa.

Un torrente nublaba mi vista ese mes de agosto del 78. Mi cuñada Josefina Cuadra y su esposo Jorge Bórquez comprendieron el peligro y me enviaron el pasaje a través del SIME; se preocuparon de los trámites, de mi seguridad y me acompañaron hasta el asiento del avión Air France; tenían miedo que me tragara la tierra como a Jenny del Carmen de la Barra o a Hernán Pérez, últimos compañeros con los que trabajé en la resistencia antidictatorial, soñando en construir un mundo mejor, sin la pobreza y falta de oportunidades que rodeaban los barrios de Barrancas y Pudahuel donde nos reuníamos. La existencia de los detenidos desaparecidos era y es una terrible realidad de la cual ellos forman parte.

Desde ese minuto dejaba familia, amigos-as, compañeras-os, mi compañero Alejandro y lo más importante, mi hijo Alejandro Ernesto, de tres años, quien nació en el periodo de mi detención en Tres Álamos. Ellos, junto a la familia, me fueron a despedir al aeropuerto. No iba tan sola: en mi vientre llevaba a Violeta con seis meses de gestación. Era urgente salir, ya que después de seis meses de embarazo habría sido peligroso. A partir de ese instante se instaló en mí la nostalgia de los afectos, de la cordillera, de las referencias del ser chilena o de mi identidad: de las fracturas y los desgarros de esta geografía loca y de su gente cariñosa, perturbados por los agentes de la dictadura que también eran chilenos.

Era tan triste dejarlo todo, haber perdido mi segunda casa y la esperanza de resistir y poder ver con mis ojos la caída de la dictadura. En ese momento tenía 23 años y con un anciano alemán logré reír con el descubrimiento de las bolsitas de aderezo de las ensaladas y nuestra ignorancia en los idiomas extranjeros. Ambos sin saber nada de francés nos lanzábamos por turno a la aventura de descubrir el contenido de las bolsitas.

---

[117]   Argenpress.info, 23 - XII - 2004, ANCHI, "Informe Valech. Chile".

En Chile era invierno y llevaba una tenida de típica chilena con poncho tejido por Alejandro y botas forradas en chiporro hechos en Puchuncaví. Mi maleta iba cargada con libros, lanas, música en cassettes y recuerdos artesanales. Llegamos a Dakar y creí morir con la ola de calor húmedo que nos invadió en el aterrizaje. Me puse una blusa bajo el jumper de embarazada y retiré las lanas que me ahogaban, pero seguí con las botas (que aún conservo). Mi llegada a Charles de Gaulle fue otro chiste, me perdí del resto y estaba haciendo una fila para embarcar al Medio Oriente, cuando alguien me fue a buscar y me indicó la escalera mecánica que debía seguir.

Me estaban esperando y me fui a casa de Pepa y Jorge, de quienes estaré eternamente agradecida. Estuve alojada con ellos en ese tiempo de espera, mientras Alejandro padre e hijo llegaban. Recuerdo que fuimos a la ANPE (Agencia del Empleo) de Sèvres, barrio en el que ellos vivían en los alrededores de París. Era el gobierno de Giscard y allí todo extranjero sin diploma era un empleado-a del aseo; yo, que tan solo había terminado mi enfermería en la Cruz Roja chilena, me defendí y me salvé al acceder a trabajar como paramédico en el hospital. A fines del 78 llegaron los Alejandros y los tres nos fuimos al Foyer de Fontenay Sous Bois, una casa de refugiados para familias a cargo de sacerdotes trabajadores. Allí convivimos con grupos familiares de distintos países de América Latina; a la izquierda de mi cuarto teníamos una familia de uruguayos y a la derecha una argentina. Todos habíamos sufrido la experiencia traumática de la represión y el exilio, todos debíamos enfrentar ese tremendo cambio de idioma, costumbres, olores y sabores. Las familias propias y los puntos de referencias habían quedado muy lejos en lo físico pero a flor de piel en la emoción.

> *Qué lejos está mi tierra,*
> *lejos mi media mitá*
> *que lejos mis siete hermanos,*
> *mi comadre y mi mamá.*

> Violeta Parra

Estos versos en la tonada de Violeta Parra reflejan muy bien el desarraigo. Pero bueno, yo traté de no hacerle caso y cerré la compuerta para adaptarme, aprender el idioma y ser madre de mi segunda hija, que nace el 30 de noviembre del 78. Ella es mi Violeta; fue y es mi consuelo de mujer madre. En la actualidad seguimos en la diáspora; mis hijos mayores están en Francia. Pero ella me sonríe desde la pantalla del computador de mi trabajo con una coqueta flor en el cabello. Mi niña color de miel con sus ojos verde agua.

El ACNUR nos ayudaría por cinco meses para los gastos de estadía, alimentación y aprendizaje del idioma. Era una gran ayuda, pero nosotros preferimos ser autovalentes lo antes posible y decidimos irnos a Lyon, tercera ciudad industrial del sur de Francia, en la cual Alejandro, con la ayuda de los curas, encontró un trabajo de obrero (*manuntentionaire*). En un primer periodo estuvimos en la casa de Teo, un compañero del MIR, quien nos acogió. Recuerdo que no teníamos mucho que comer, pero iniciamos los trámites para obtener un departamento en arriendo en los HLM (Arriendo moderado). Nos ubicaron en una comuna periférica y conflictiva por sus problemas sociales y la gran concentración de extranjeros que allí residía: Venissieux. En este gueto de obreros españoles, árabes y algunos franceses hubo una revuelta hace unos dos años con quemazón de autos. En esas comunas se concentran los cesantes. Sin embargo, es allí donde los niños llevaron una vida familiar, donde fui miembro del Centro de Padres de la escuela a la que asistía mi hijo mayor, Alejandro Ernesto, la que se encontraba al frente del conjunto de departamentos donde habitábamos. Allí conocí la vida y costumbres de magrebinos y argelinos. En el centro del edificio había un cuadrilátero de pasto en el que jugaban todos los niños y nosotras vigilábamos desde las ventanas. A cualquier alerta bajábamos en masa junto a nuestros hijos. Aprendí mucho y me integré a la vida cotidiana sin contratiempos de mi parte, mientras rápidamente avanzaba en el aprendizaje del idioma que había iniciado con mucha motivación en el Foyer de Fontenay. En la actualidad el francés es mi segundo idioma, pero cuando llegué no sabía casi nada. Tenía días agitadísimos con muchos trámites, cuidado de los niños, actividades de solidaridad con Chile y partidarias. Sin embargo, apenas tenía un minuto y me ponía a mirar el campo desde mi ventana, con esos vientos arremolinados y fuerte lluvia, lloraba con intensa pena por la nostalgia de estar en un país que no era el mío.

Lyon era una ciudad especial, más bien conservadora, pero en los comités franceses y de solidaridad con Chile y otras causas, éramos muy unidos. Allí estuve a cargo de la organización del partido y a veces no era fácil que admitiesen a una mujer como jefa, y eso que el MIR, según yo, era más avanzado en temas de género.

En esa ciudad conocí a una mujer maravillosa, Amanda Puccio; fue un día en que por nostalgia visité la Universidad de Lyon II, porque se parecía a la UTE, universidad chilena de la que fui expulsada el 11 de Septiembre del 73. Amanda me vio y me identificó como chilena y de inmediato me presentó a los profesores y a la directora de carrera de castellano para que convalidara y prosiguiera mis estudios. Sin ese gesto quizás nunca lo habría hecho. Allí estudié mi DEUG. Fueron años hermosos a pesar de mi nostalgia, sintiendo mucho la ausencia de la familia, los amigos, compañeros y la hermosa Cordillera de los Andes.

A veces nos tocaba salir a entregar testimonio a otras ciudades o pueblos de los alrededores; lo hice en Amnesty y en el contexto de la solidaridad con la resistencia de Chile y América Latina en contra de las dictaduras y su feroz represión.

También, y como una forma de apoyo, cantaba y estuve en la Peña de Lyon en Perrache con el Gitano Osvaldo Rodríguez, los Chibchas y Paco Ibáñez. Representaba a la mujer chilena con sus cantos campesinos y de Violeta Parra (mi preferida); fueron jornadas de intercambio cultural y político inolvidables.

El 82 volvimos a París, primero a Sèvres y luego de mi separación, me instalé sola con los niños en Fontenay Sous Bois. Trabajaba como auxiliar de enfermería, en la primera comuna en el hospital y luego en una casa de ancianos en Nanterre. La relación con Alejandro se terminó de romper cuando me opuse a que volviera a Chile en la operación retorno; él ya había estado preso y había sufrido un quiebre producto de la corriente, los medicamentos y la interrupción del sueño. Según Paz Rojas, tuvo un problema con los circuitos cerebrales. Esto lo descubrió al inicio de nuestro exilio cuando una vez se cayó patinando en el hielo en la Patinoire de Fontenay Sous Bois y tuvo reacciones descalabradas, me empezó a amenazar y hablaba como enajenado, haciéndome escenas de celos. Recuerdo que estaba asustada y preocupada y buscamos ayuda médica. Esa falta de confianza de mi parte y mi decisión de ocupar su lugar, nos distanciaron, comprendiendo que no me quería y quise que me lo dijese…

En Sèvres no logramos nunca una vivienda digna; cuando me salí del trabajo, me puse a hacer un *Stage* de perfeccionamiento de francés y un compañero de curso me dejó el departamento de la calle Dalayrac en Fontenay Sous Bois, lugar para mí cercano y querido. Desde ese momento me propuse proseguir mis estudios en Nanterre. Primero logré mi Licencia, luego mi Maestría, el DEA y con posterioridad el Doctorado. Paralelo a este último postgrado, estudié francés. Trabajaba en los Centros de Loisir haciendo clases de español, amén de mis actividades políticas y de solidaridad con Chile. En un inicio trabajé en el CLA (Comité Latinoamericano), ubicado en la calle Saint Eustache, al costado de la Iglesia del mismo nombre en el Barrio de Les Halles, y en el Comité de los Familiares de Detenidos Desaparecidos; con posterioridad lo hice con grupos de mujeres: en mi barrio formamos la Agrupación de Mujeres Franco-chilenas de Fontenay Sous Bois, coordinándonos con la COFECH, Comité des Femmes Franco-chiliennes de Paris.

Me gustaría insistir en que el exilio es una gran cárcel, como una jaula dorada, dependiendo del país al que se llegaba. Mientras más al norte, mejores eran las condiciones económicas, pero la calidad de vida, tu propia gente y tus olores, la pertenencia a la tierra, a su pueblo, a su cultura, no estaban permitidas. Esa ausencia se expresa en el ser un paria, un apátrida y un extranjero siempre, aunque hables el idioma perfecto y respetes sus costumbres. La identidad es única y no sirve de nada quererla camuflar para pasar desapercibido. En el fondo haces el ridículo y sufres. Siempre sentí ese desarraigo y el deseo de retornar, siempre fui orgullosa de ser chilena y de mis raíces. También sentí el apoyo a Chile y su causa con el reconocimiento a los mejores chilenos: Salvador Allende, Violeta Parra y Víctor Jara; ellos estaban en los textos, en nombres de calles, en nombres de estadios y gimnasios, eran admirados. Con nosotros siempre hubo una mirada de complicidad y simpatía…

Gracias a los pueblos del mundo que se interesaron en esta franjita allende la cordillera que casi se cae al Pacífico y que nos salvaron la vida.[118]

La demanda por la vida se instalaba porfiadamente sobre la muerte. Las mujeres-madres de Chile y de toda América Latina fueron las primeras en salir a la calle con los rostros sonrientes de sus hijos, banderas al viento, clavando en la herida colectiva la estaca de la pregunta irrenunciable: "¿Dónde están?" Ellas ayudaron a romper el hielo de la impotencia, resistiendo la prepotencia de la política del terror. Porque, ¿a qué

---

[118]   Texto especialmente escrito por Lucrecia Brito para esta historia de mujeres, a quien agradezco mucho su testimonio.

puede temer una madre a quien le han arrebatado su hijo? ¿No se transforma, acaso, en una loba feroz, acechando sin descanso al que ha osado quitarle su cachorro? ¿Qué noche de la muerte podrá oscurecer la luz que enciende la vida que aún brota de su propio cuerpo? ¿Qué terror ante la indomable energía de su creación?

Bajo el alero del Arzobispado de Santiago, comenzaron a reunirse las mujeres: madres, esposas, hermanas, hijas; era el inicio de una lucha que continuaría por décadas, hasta la actualidad, demandando la vida y los cuerpos de los suyos, exigiendo verdad y justicia, manteniendo encendida la llama de la memoria y abierta la herida hemofílica de una sociedad que no ha de cicatrizar. Bajo la fuerza de estas primeras mujeres y en vista de la defensa de los derechos humanos y, en primer lugar, del derecho a la vida, se fueron formando: la Agrupación de Familiares de Detenidos Desaparecidos AFDD; la Agrupación de Familiares de Ejecutados Políticos, AFEP; la Fundación de Ayuda Social de las Iglesias Cristianas, FASIC; la Corporación de Defensa de los Derechos del Pueblo, CODEPU; la Corporación de Derechos Humanos, CINTRAS; la Asamblea Nacional de Derechos Humanos, entre tantas otras. Este movimiento civil pasó al primer plano de la lucha social, confiriendo a la política chilena un sello específico: una política condenada a estar de cara al pasado, ante el cual malamente logra torcer o cubrir el rostro sin sufrir de tortícolis crónica.

Figura emblemática de la lucha de las mujeres en busca de justicia para los detenidos, ejecutados y/o desaparecidos de la dictadura burguesa-militar liderada por Pinochet, fue Sola Sierra, a quien solíamos ver bailando la "cueca sola" en los escenarios conmemorativos de las víctimas de la dictadura. Allí estaba presente la Viola, con su cueca triste o alegre, acompañando como siempre la historia nuestra. Hija de la crisis del salitre, el padre de Sola Sierra fue minero calichero y su madre una sobreviviente de la matanza de Santa María de Iquique en 1907, marca significativa y premonitoria de su propia biografía. Sin embargo, Sola nació en la capital, a donde, como miles, habían tenido que migrar los obreros del salitre a raíz de la crisis de 1931. Si bien las dificultades económicas de su familia impidieron que Sola terminara sus estudios secundarios, ella canalizó sus capacidades y dotes de dirigenta social a través de su militancia comunista y en el ámbito del trabajo con las mujeres de su tiempo, organizando, a fines de los años 1950, Clubes de Amigas, que tenían como fin socializar a las jóvenes y ayudarlas a tomar conciencia de sus derechos y su rol social. Al arrebatarle la dictadura la vida de su compañero, Sola hizo de su soledad una compañía comprometida con tantas mujeres que vivían la pérdida de los suyos, ingresando a la Agrupación de Familiares de Detenidos Desaparecidos, constituyéndose por muchos años en una de sus principales dirigentas. Siempre se la veía alzando su suave voz en los micrófonos nacionales e internacionales, sin desmayar en las denuncias, en las acciones, en las demandas de justicia. Cuando el Papa visitó Chile, en medio de una parafernalia de blanqueamiento de imagen de la dictadura, Sola le hizo entrega de los rostros de los chilenos desaparecidos, como una expresión y una demanda de coherencia. Entre esos rostros estaba el de María Teresa.

La sacaban cada día, volvía muda, con su piel de colorina transparente erizada por el terror, el dolor, mientras, con su voz muy queda me narraba lo que le decían y le hacían. Había un militar viejo que después de la tortura le friccionaba los brazos y las piernas granulentas diciéndole 'habla, chicoca, no ves que los demás lo hablaron todo y tú que te las sigues dando de santa-mártir… habla luego que la paciencia se acaba'. Ya más tranquila, con los ojos secos, hurgaba en sus bolsillos triunfante y burlona me preguntaba que cómo nos vendría un durazno pelado bien maduro. / Nos habíamos conocido en los viajes del *Tren de la Salud*: ella y una de sus amigas efectuaban un vasto trabajo de asistentes sociales. Alegres e incansables, subían y bajaban del tren en los lugares de atención. Ningún médico, por agotado que estuviese, habría osado delante de su mirada, rehusar uno y otro enfermo que ellas recuperaban, perdidos alrededor del tren. En las veladas de risas y cantos, María Teresa era discreta y sonriente, pero su cabellera cobriza le formaba una aureola de luz. / Estuvimos en Grimaldi desde cuando llegué (…) donde durante catorce días fui una de las de más edad del grupo de mujeres que entrábamos y salíamos, sin nunca saber dónde nos llevarían o si nos volveríamos a reencontrar. Lo conocido es lo seguro, es la esperanza, y al reencontrarnos reíamos y nos apretábamos las manos. Yo, con mi deformación de profesora organizaba sesiones de limpieza los domingos cuando, con un poco de maña y tono lastimero, conseguíamos baldes y escobas y nos dejaban a dos o tres limpiando solas; aquellos eran los únicos momentos en que podíamos levantarnos las vendas de los ojos, y entonces barríamos y nos reíamos, y a veces también llorábamos y bailábamos y cantábamos, hasta que venían a buscarnos y teníamos que cerrar los ojos con fuerza porque era prohibido verlos. Ellos, mientras tanto, a culatazos nos obligaban a volver, sin importarles que las campanas cercanas llamaran a misa: eran lindos domingos, las celdas estaban limpias. / Al amanecer de ese día 23, nos despertaron a empujones (…) buscaban a María Teresa, que se ponía los zapatos. Le acerqué su abrigo que rechazó diciendo 'ya no lo voy a necesitar, Mónica'. Insistí sin embargo; la forcé a ponérselo y con él partió. Si alguna vez la encuentran lo tendrá puesto todavía, la habrá protegido por todos estos años de la lluvia y de los fríos.[119]

Como María Teresa, tantas y tantos perdieron sus vida y sus cuerpos, hiriéndonos nuestra propia vida y nuestros propios cuerpos. El dolor se nos pegaba a la propia piel; cada vida asesinada buscando seguir viviendo en la nuestra. Diecisiete años de dictadura fue el túnel eterno del tamaño de un siglo que permanece en la oscuridad de

---

[119] Mónica Hermosilla Jordens, "Un abrigo para María Teresa", en Martín Faunes (editor), *Las historias que podemos contar. Testimonios y cuentos*, Vol. I, Santiago: Editorial Cuarto Propio, 2002, pp. 61-62. "María Teresa Bustillos tenía 24 años al momento de ser secuestrada por la DINA. Fue una connotada dirigente en la Escuela de Servicio Social de la Universidad de Chile. Su nombre ha sido un motivo de homenajes en las escuelas de Trabajo Social, donde se la ha destacado como un ejemplo a seguir por la tremenda vocación que tenía en su profesión" (nota al pie del mismo texto). María Teresa fue una de las 119 chilenas y chilenos a quienes la DINA hizo aparecer como muertos en el extranjero.

nuestra historia. Todos tuvimos que transitar a tientas, buscando alguna luz que nos permitiera caminar las tinieblas, luchando, buscando el día. Cada muerte nos derrotaba nuevamente, levantándonos al calor de las manos de nuestros hijos. Gracias a ellos el caminar, aunque a tientas, se volvía una energía irrenunciable: había que buscar y encontrar la salida. Ellos mismos, la nueva generación, arrancaron el camino de la delantera: aprendieron a luchar con sus armas de niños chicos, marchas, pañuelos, piedras, barricadas, sonajera de ollas, apagones... Desde las poblaciones, desde los colegios, lugares donde los jóvenes desarrollaban su vida cotidiana, salieron al llamado de la resistencia.

A la resistencia antidictadura, se habían ido sumando otras: *Democracia en el país y en la casa*, lema acuñado por la socióloga feminista Julieta Kirkwood, comenzó a ser el grito favorito de la mayoría de las mujeres, las que habían aprovechado el tránsito a oscuras para reconocerse a sí mismas. La dictadura, el exilio, la violación sistemática de los derechos humanos, fracturó familias, rompió parejas, desarraigó hijos; fue un golpe que atravesó hasta la intimidad de los hogares, haciendo estallar las contradicciones internas en medio de la soledad... La hora histórica exigía relaciones familiares y, especialmente, relaciones de pareja sólidas, auténticas, solidarias, comprometidas. La tremenda lucha por la supervivencia desplegada principalmente por las mujeres (supervivencia económica, sicológica, existencial) reveló ante sí mismas la solidez de su tronco y la porfía de sus raíces; podían sostenerse por sí mismas. Las mujeres ya no soportaron el machismo, la ambigüedad, el maltrato, la mentira. Era tiempo propicio y necesidad histórica: el grito y la revuelta feminista llegaban para quedarse. Sus semillas caían en tierra fértil en el espíritu de tantas mujeres que, ante la política del terror y la muerte, habían perdido el miedo a la vida.

Así, mientras cada una de tantas sacaba, con optimismo, la fuerza de su loba, se sembraron las ONG y las iniciativas sociales y profesionales que apoyaban a los grupos de mujeres en el proceso de su reconocimiento y emancipación. Este movimiento de los ochenta estaba dirigido por un grupo de mujeres de avanzada, muchas de ellas que retornaban del exilio desde países donde dicho movimiento era fuerte y estaba revolucionando no solo la política, sino también la teoría y las distintas ramas del saber. Una de sus primeras iniciativas fue la creación del "Círculo de la Mujer".

Como nos relata Irma Arriagada especialmente para esta historia:

El Círculo se constituyó con catorce mujeres profesionales y de izquierda (unas pertenecientes a partidos políticos y otras independientes) organizadas bajo el alero de la Academia de Humanismo Cristiano, dependiente de la Iglesia Católica.[120] Inicialmente, a

---

[120]   Las organizadoras iniciales eran, en orden alfabético: Ana María Arteaga, Irma Arriagada, Rosa Bravo, Patricia Crispi, María Isabel Cruzat, Kirai de León, Thelma Gálvez, Isabel Gannon, Eugenia Hola, Julieta Kirkwood, Verónica Oxman, Elena Serrano, Rosalba Todaro y Ximena Valdés.

partir de 1979, un grupo de mujeres profesionales nos empezamos a reunir para discutir temas propios de interés feminista y de búsqueda de espacios democráticos. Decidimos elaborar un documento de posición que fue la base de la gran convocatoria a la que acudieron 300 mujeres a la casa de ejercicios San Francisco Javier. Una de las fundadoras fue Julieta Kirkwood, quien desarrolló las dimensiones más teóricas del feminismo desde una perspectiva chilena y latinoamericana y acuñó la famosa frase que fue recogida por el movimiento feminista internacional de: *Democracia en el país y en la casa.*

Durante un periodo de alrededor de cuatro años realizamos actividades como encuentros y talleres de toma de conciencia por los que pasaron muchas mujeres. Logramos también en esos años una cercanía con las iniciadoras del MEMCH (Elena Caffarena y Olga Poblete), que nos acogieron como sus continuadoras y con quienes nos juntábamos en tertulias animadas por pisco sour en casa de Elena. Logramos publicar varios números de una revista / boletín donde se planteaban algunos de los temas que nos interesaban; se creó un grupo de teatro, un centro de documentación y encuentros ampliados, y sobre todo se debatió la mejor forma de organizarnos para generar una verdadera democracia. Justamente, el boletín en que se trató el tema del divorcio fue el detonante y pretexto para ser expulsadas de la Academia de Humanismo Cristiano, con lo que fue necesario buscar recursos externos para la continuidad de nuestras actividades.

A partir de esta experiencia, que fue muy central y fundamental para las catorce iniciadoras, se formaron tres instituciones que funcionan en la actualidad: el CEM, Centro de Estudios de la Mujer, del cual luego se desprendió el CEDEM, Centro de Estudios para el Desarrollo de la Mujer, y La Casa de la Mujer La Morada, que se han instalado y permanecen en la misma cuadra y a corta distancia física.[121]

Profundamente marcado por la necesidad de dilucidar la relación entre política y mujeres, este movimiento feminista se preguntó por el "ser política en Chile" (Julieta Kirkwood), y fueron ellas, las feministas, las que comenzaron a reescribir la historia de Chile en busca de las raíces de su lucha y del nuevo rol de las mujeres en la hora histórica. Inquietas por la necesidad de incorporar a las mujeres a la acción política, aparentemente suspendida desde una identidad propiamente feminista desde la hora del MEMCH, se vieron en la necesidad de revisar el protagonismo histórico-político de las mujeres chilenas desde la reivindicación del voto femenino, instalando la reivindicación de un "politicismo feminista" con el fin de entrar a un protagonismo activo y, desde aquí, a la agenda pública del país que necesariamente tendería a abrirse a una transición a la democracia. Fue el legado principal de Julieta Kirkwood.

En los ochenta, el grito "democracia en el país y en la casa", acuñado por Julieta Kirkwood, era doblemente trasgresor. Julieta, "pavimentando con letras", quería cambiar dos

---

121   Irma Arriagada, "El Círculo de Estudios de la Condición de la Mujer (1979-1983)", texto escrito especialmente para esta historia. Agradezco mucho a Irma su generosa contribución testimonial.

sistemas de opresión que afectaban a las mujeres: la dictadura militar y la discriminación de género.

(...) En abril de 1985 –año de terremotos, muertes y tristeza– moría Julieta Kirkwood. ¿Quién era Julieta? Socióloga y teórica feminista, fue una de las figuras más influyentes en la génesis y desarrollo del moderno feminismo chileno. Trabajó por la recuperación de la historia de las mujeres e investigó sobre la participación femenina en la política. Sus escritos influyeron el pensamiento de las mujeres en otros países de América Latina. Durante la dictadura militar, participó en acciones de protesta y se involucró con organizaciones de derechos humanos, e impulsó la formación del Movimiento Feminista chileno y el desarrollo de una amplia agenda propositiva para la transformación de la condición de las mujeres.[122]

A pesar de la gran pérdida de Julieta, las feministas siguieron trabajando en los años duros.

En una época de gran oscurantismo en el país, encontramos y creamos un espacio propio para desarrollar un aspecto de la lucha política que hasta ese momento no era considerado. No pareció entonces amenazante para el régimen ni para las innumerables fuerzas represivas, porque no se detectaban las implicancias revolucionarias de nuestro cuestionamiento del autoritarismo que, por cierto, iba y va más allá de un gobierno dictatorial. Y para nuestros "aliados", la preocupación por la mujer parecía secundaria frente al imperativo de derrocar la dictadura.[123]

Entre las distintas orgánicas movimientistas de las feministas chilenas, en 1987 se formó el Instituto de la Mujer con el objetivo común de "incorporar propuestas de género a la democratización del país". Tres principios definieron y definen el perfil del Instituto de la Mujer: a) ser un "agente de transformación social con propuestas laicas, humanistas y feministas respecto de los temas que conciernen a la igualdad entre los géneros, a la democracia y al cambio cultural"; b) constituirse en un "espacio pluralista y autónomo" desde el punto de vista del reconocimiento y afirmación de las distintas identidades y líneas de pensamiento que se desarrollan en el país; c) definirse como un "organismo no gubernamental con sentido político, cuyo esfuerzo reside en facilitar el largo y complejo camino que media entre las necesidades reales y cotidianas

---

[122]   Alicia Frohmann <www.flacso.cl>. La destacada historiadora argentina y miembro de la FLACSO en la década de 1980, Alicia Frohmann, fue una activa partícipe del movimiento feminista de los ochenta y una de las fundadoras de la Casa La Morada, ONG preocupada de estudiar y promover actividades culturales en torno a la cuestión feminista en Chile.

[123]   R. Bravo, M. I. Cruzat, E. Serrano, R. Todaro, "Y así va creciendo... el feminismo en Chile", *ISIS internacional*, Edición de las Mujeres, Movimiento Feminista. Balance y perspectivas, Nº 5, 1986, p. 26. Agradezco a Irma Arriagada el haberme proporcionado este valioso documento, incluyendo la bella portada del boletín ISIS portando su lema: "Si la mujer no está, la democracia no va".

de las mujeres y las decisiones públicas necesarias para satisfacerlas".[124] Optando por centrar su trabajo en la capacitación de mujeres populares urbanas, el Instituto de la Mujer ha desplegado una serie de iniciativas tendientes a apoyar a dichas mujeres ante los graves problemas que sufren cotidianamente, tales como la violencia doméstica, la desprotección legal en el ámbito de la familia y el trabajo, la educación sexual y la represión política. Objetivo estratégico central del Instituto de la Mujer en la fase de la decadencia de la dictadura fue incorporar en la agenda de la Concertación las demandas de las mujeres con vistas a una mayor equidad de género a nivel del orden legal, político y social.

> Con ese fin, se refuerzan los programas de capacitación y apoyo organizacional a través de la Escuela de Líderes Mujeres y se desarrollan proyectos específicos destinados a incorporar algunos temas del movimiento de mujeres en la agenda de género del Estado: prevención de violencia doméstica, educación sexual, derechos humanos, pobreza, salud reproductiva y participación política.[125]

Así, desde distintas áreas disciplinarias, se fueron fundando ONG (organizaciones no gubernamentales) para estudiar la problemática de las mujeres en Chile y trabajar en el autorreconocimiento de su identidad y de sus derechos; organizaciones que se diseminaron por las distintas poblaciones, donde trabajaron con mujeres en torno a la conciencia de su diferencia, con vista a la equidad de género, así como en programas de salud social y reproductiva, de apoyo psicológico, de programas culturales..., preparándolas y preparándose para la hora de la democratización del país.

Tejiendo redes a lo largo de las ciudades, los distintos grupos que conformaron el movimiento de mujeres, a partir de la década de 1980, fueron visibilizando y demandando incisivamente, a nivel local, nacional, continental y mundial, un lugar prioritario para las mujeres chilenas como personas y como sujetos sociales y políticos. En estas instituciones se instalaron intelectuales mujeres que, hasta el día de hoy, capacitan líderes a lo largo del país y estudian los temas relativos a las mujeres chilenas y las relaciones de género, publicando e insertando la problemática de las féminas en la lucha por sus derechos a nivel latinoamericano y mundial.

> (...) los cambios se fueron acelerando: no se produjo el cambio "cultural civilizatorio" que muchas hubiéramos querido, pero "la democracia en el país y en la casa" se incorporó a la agenda de la transición y, en la actualidad, muchos de los llamados temas de las mujeres son reconocidos como temas de la sociedad en su conjunto. A pesar de los "enclaves autoritarios" que se mantienen en el país y en la casa, el Chile de hoy es un país distinto y mejor al que conoció Julieta. (...)

---

[124]   Nuria Núñez, "Trazos de nuestra historia", en Guadalupe Santa Cruz (editora), *Veredas por cruzar. 10 años*, Santiago: Instituto de la Mujer, 1997, p. 19.

[125]   Ibid., pp. 15-16.

Pero queda aún mucho por hacer en la construcción de una sociedad de iguales. Tal como Julieta, muchas mujeres seguirán tejiendo rebeldías y concretando proyectos para los cambios estructurales de larga duración.[126]

Había llegado la hora y la noche propicia para el tejido de rebeldías. Los viejos y "las brujas", atravesando estrellas en su mágica escoba voladora, conjurando el miedo, tocaron el pito de la partida y todos apresuraron el camino; los "hijos de los 80", soltando las manos de sus madres y padres, arrancaron el paso a la salida. Muchos también cayeron, pero en el último tramo del camino se prendieron todas las velas.

Apresurando esa posta de luces corría Valentina, niña rebelde de la nueva generación y protagonista política como soñaba Julieta. Nacida en 1971, el Golpe separó a sus padres: él brindaba, ella lloraba... y se alejaba... partió. Su padre, hasta entonces mujeriego y vividor, aprendió a cuidar y priorizar a sus hijos. "Fue nuestra madre". Con su nana conoció el mundo poblacional, la pobreza dura del sector surponiente de la capital. Valentina supo respetar y aprender de ese mundo: escuela y herencia de su madre. Un nuevo y terrible golpe fue la muerte de la hija mayor a sus diecinueve años: doble pérdida de madre para Valentina. Desde entonces ella acuñó el lema que se expresa en la tremenda vitalidad de su cuerpo: "Igual se puede; igual la paso bien". Como estudiante secundaria participó en la lucha por los derechos humanos y luego, en las JJCC, donde recibió instrucción militar, teórica e histórica, así como disciplinamiento sexual y moral. Impregnada entonces del heroísmo revolucionario de los jóvenes de los ochenta, "nos creímos poder hacer un mundo nuevo", recuerda Valentina. Temeroso su padre de su participación política, pidió su traslado laboral a la V Región. Inútil. La comprometida Valentina allí asumió el cargo de Encargada del PC de toda la enseñanza media de la V Región.

Su interés por la política había surgido desde su temprana inquietud por la filosofía. La experiencia de la muerte y de la dictadura gatilló su pregunta por el sentido de la vida. "Quería ser santa... Tengo muy cerca la experiencia de la destrucción. (...) Hay que construir; buscar lo que ofrece la vida". Ello la lleva a la afirmación de la vida a pesar de todo. Con la muerte de su hermana rompe con lo religioso; se le caen los dogmas y se abre al materialismo histórico y al comunismo. Vio que los comunistas eran "vidas espirituales, con sus propios rituales, pero no religiosos", entendiendo lo espiritual como "la conciencia de aprender a pensar en los otros", sabiendo del concepto de "injusticia". Al mismo tiempo, el PC le ofrecía una estructura y "me encauzaba toda la rebeldía y enojo con el mundo".

---

[126]   Alicia Frohmann <www.flacso.cl>. La destacada historiadora argentina y miembro de la FLACSO en la década de 1980, Alicia Frohmann, fue una activa partícipe del movimiento feminista de los ochenta y una de las fundadoras de la Casa La Morada, ONG preocupada de estudiar y promover actividades culturales en torno a la cuestión feminista en Chile.

Eran tiempos de municipalización: el Estado chileno renunciaba a su rostro docente y descargaba esta responsabilidad republicana y fundamento de la construcción de la nación en las municipalidades, entidades que —en el modo de producción capitalista, especialmente en su fase neoliberal–, encarnan la división de la estructura social de clases a nivel político: gobierno-para-pobres en territorio municipio-de-pobres y gobierno-para-ricos en territorio municipio-de-ricos; es decir, salud-para-pobres; educación-para-pobres...

Valentina participó, como miles de jóvenes, en el movimiento de los estudiantes secundarios en demanda de democracia en el país y en la escuela y por una educación pública laica y gratuita. Un movimiento —inmortalizado en *Los actores secundarios*, que demostró la gran fuerza protagónica de los muy jóvenes estallando contra la dictadura, con la bandera chilena recuperada por sus manos y nuevamente alzada en sus contrafuertes.

Cuando el PC llamó a inscribirse para las elecciones del "NO", Valentina se retiró. Las Juventudes de ese partido, "aunque no manejaban armas, estaban por la estrategia de la sublevación nacional, por el levantamiento popular de masas". La caída del Muro de Berlín fue la crisis del PC, "no la dictadura": los años 90 marcan el "momento de su quiebre definitivo. Los militantes clásicos de cuarenta años se salieron", se produce un "quiebre a nivel internacional" y, en lo profundo, se trataba de un "quiebre de la ideología, del fracaso de un proyecto que tiene que ver con el fin de la modernidad", afirma Valentina filósofa.

Graduada como la mejor de su promoción de la Escuela de Filosofía de la Universidad Católica de Valparaíso, ella fue una de las cinco mujeres de cuarenta ingresados a dicha escuela en 1989, siendo la única filósofa superviviente de su promoción. Dos filósofos la marcaron: Henri Bergson y Giordano Bruno, su "gran amor". Plantea que es difícil para muchas mujeres ingresar a ese mundo profesional: "Las mujeres ocultan su femineidad para poder insertarse en este medio", no habiendo surgido todavía, asegura, "una filosofía que se note que es de mujer". Como mujer filósofa ella siente que es menos escuchada entre sus pares. "Aquí en Chile entre pares no te escuchan; el cuerpo es sexo"; su opción es hacer sus cosas y preocuparse de lo suyo. Valentina ingresó luego a estudiar un Magíster en la Universidad de Chile, donde conoció a su marido, con el que tuvo una hija; con ella pequeñita y con su madre (la recuperó), Valentina partió a estudiar su doctorado a España: doble madre para su hija y un intencionado reverso de su biografía. Su tesis doctoral versa sobre "los afectos" ontológicamente tratados y vinculados a la realidad como modos de relación entre el hombre y las cosas.

Aquí la esperó su marido, pero la pareja se acaba de separar. "Él vivió en Alemania: no es machista, los roles se comparten absolutamente; sin embargo, tiene una estructura verbal muy distinta, no es asertivo, tiene un lenguaje indirecto, dice pero no diciendo...

me he tenido que acostumbrar a traducir". Aunque no han vivido el machismo intra-familiar en los roles cotidianos, "él ha sentido mi desarrollo como una competencia...; he optado por el bajo perfil, tengo más libertad en este bajo perfil". Por otra parte, plantea Valentina, estamos inmersos en un machismo extrafamiliar que tiende a invisibilizar a la mujer tras su pareja. No obstante, las mujeres hoy día "somos savia nueva", asegura. Desde otra perspectiva feminista, plantea que debemos "recuperarnos como mujeres", ya que "nos vinculamos a la realidad a nuestra manera", con mucha vinculación al cuerpo. "Me gusta lo femenino; debemos reelaborar lo femenino en el sentido de un bordado en punto cadeneta. Reelaborar lo femenino, recuperando: la resistencia (que no es dominancia), el sembrado, el gesto de contención (de reserva), de cuidado, la gratuidad, el dar...".

"Los hombres están conflictuados con la emancipación de las mujeres... porque se les pierde su lugar...", hecho que, a su juicio, tendría que ver con la persistencia de la violencia. "En general, en las familias, la mujer-esposa es el tacho de la basura, el 'contenedor de basura'; existe una autoexigencia masculina como la 'razón dominante' (tal como se ha desarrollado en la modernidad) que descarga su impotencia en el 'contenedor'". Ante esto, la mujer "decide ser víctima y decide dejar de serlo", es el juicio preclaro de Valentina.[127]

Una joven vida y reflexión actual de mujer profunda, que brota de la herida y de la cura.

---

[127]   Agradezco a Valentina la larga tarde que me recibió en su cálida casa de cara al bosque, donde accedió, con generosidad, a compartir su biografía y la riqueza de su pensamiento para esta historia.

11. El sueño del viejo MEMCH y del nuevo feminismo: ¿La emancipación de la mujer chilena actual? Alcances y límites. Las historias de Ester y Ana

El médico en juramento
de servir l´humanidad,
con gran religiosidad
recibe un documento;
olvid' al primer momento,
le da por matrimoniarse,
en auto quiere pasearse,
ya no le imcumb´ el paciente,
si no es un rico pudiente;
el pobre vaya a enterrarse.

Violeta Parra

Cabe hacer un ejercicio de mirada actual retrospectiva sobre el Programa del MEMCH en pro de la emancipación de la mujer chilena. Evaluar, si es posible, el avance o estancamiento de la sociedad chilena en materia del desarrollo emancipatorio de las mujeres a principios del siglo XXI, a la luz del ideario del principal movimiento de mujeres ocurrido en el siglo XX en Chile. Obviamente, el contexto histórico y el modelo económico actual respecto del de los años 30 es muy diferente; por lo mismo, no se trata de hacer comparaciones; queremos solamente ver el "estado de avance o retroceso", en los albores del "bicentenario", del programa mínimo en "pro de la emancipación de las mujeres" formulado y por el cual luchó con fuerte compromiso militante el MEMCH en la década de 1930-40 en Chile y sus herederas de los ochenta. Esto, con el fin de indagar en torno a las nuevas exigencias que necesariamente impone todo fenómeno de emancipación, que consideramos más bien como un "proceso histórico" en movimiento, impulsado por el creativo ímpetu de sus propias contradicciones.

Respecto del orden jurídico, ya hemos visto que a) el primer punto del programa del MEMCH, "el reconocimiento de los derechos políticos" de las mujeres, fue cumplido el año 1949: así, entre 1950 y 1973 y entre 1989 y 2008, es decir, hace ya más de 40 años que las mujeres votamos, ejerciendo en igual condición que los hombres, el derecho a elegir a nuestros representantes y sufriendo, igual que ellos, la conculcación de estos derechos en el período dictatorial 1973-1990. b) En relación al régimen matrimonial y los derechos civiles de las mujeres casadas, casi todas las demandas del MEMCH al respecto se han cumplido: no podríamos decir que existen "trabas" para contraer matrimonio; que existe, en forma muy difundida, la "separación de bienes" en el matrimonio; que felizmente se abolió aquel arcaico "peso de la prueba para acreditar el origen de los bienes adquiridos por la mujer con su trabajo personal" y que, finalmente, el hueso más duro de roer, "la ley de divorcio" se ha dictado al inicio de este siglo XXI, después de décadas de cansado debate, cayendo finalmente la ley de madura y por su propio peso, ante la ya insostenible evidencia de la *mentira legal* como difundido sistema de disolución de vínculo. c) En el plano de la defensa de menores, se han cumplido las demandas planteadas por el MEMCH en términos de existencia de juzgados de menores, reformatorios, ley de pensión alimentaria, normas para la investigación de la paternidad y, lo más importante, la igualdad entre los hijos legítimos e ilegítimos: ley de justicia que recién se aprobó al finalizar el siglo XX; feliz final de siglo en este sentido, después de siglos de abominable discriminación en resguardo del "orden matrimonial". No obstante, el colapso de los Tribunales de la Familia apenas creados a propósito de la Ley de Divorcio, nos habla de una acumulación y explosión de demandas relacionadas especialmente con la responsabilidad paterna respecto de sus hijos menores, revelando el arrastre de una deuda histórica y una ya muy pesada carga sobre los hombros de las mujeres madres, que, por lo general, han debido apechugar solas o a punta de demandas legales por asegurar el pan y la educación de sus hijos. Esto, además de un panorama bastante sombrío en este inicio de siglo respecto de la vida de millones de menores de familias pobres, sumidos en la drogadicción y la delincuencia temprana, como una forma, en resistencia, de "estar en este mundo", mundo que los adultos hemos construido para ellos: falto de protección y de afecto sociales y de valores y prácticas comunitarias. En esto, poco y nada se ha avanzado respecto de un siglo atrás, cuando la sociedad hubo de avergonzarse –actitud de la que hoy incluso carecemos– ante el espectáculo de miles de niños sufriendo la vida en las calles en la miseria y el abandono material y afectivo. Actualmente el CONACE, el SENAME y otros organismos públicos y privados trabajan con vistas al rescate de niños en droga y miseria; no obstante, se trabaja con medidas paliativas; el problema de los llamados "niños en riesgo social" no es sino el síntoma de una grave y estructural enfermedad de la sociedad actual, la cual no desea enfrentar, en debate abierto, participativo y democrático, la crítica de sí misma.

En el orden *económico*, a) el problema de la *desigualdad de sueldos y salarios* para hombres y mujeres en Chile ha sido un problema permanente y motivo de múltiples demandas y proyectos de ley, pero sigue siendo un problema que está en el tapete, con múltiples vías de resquicios inequitativos, especialmente en el campo laboral de escasa calificación.[128] Esto demuestra que la fuerza de trabajo femenina propiamente tal sigue siendo un factor de explotación. b) Respecto de la demanda por el mejoramiento de las condiciones de trabajo en general, el cumplimiento de la *legislación social*, especialmente en lo que atañe a la protección de la maternidad y el niño obrero, el panorama es bastante sombrío en la actualidad. Si bien las condiciones de trabajo en los establecimientos se han modernizado a través del uso de tecnología y de mejor calidad de la construcción, podemos decir que, en general, hoy día volvemos a vivir la lógica arcaica y prelegislativa de la "ley del patrón": este, a nombre del principio sagrado del neoliberalismo y especialmente del "neoliberalismo chileno", el de la "flexibilidad laboral", instaurado a fuerza y sangre el año 1973, establece las normas laborales de su empresa a su gusto, con horas de trabajo que por lo general sobrepasan las ocho horas diarias, sin pago de horas extraordinarias, con sueldos mínimos y con plena libertad de "echar a la calle" a sus trabajadores y trabajadoras en el momento que lo estime, condiciones que estos actualmente se ven obligados a aceptar ante la guillotina de "si le gusta bueno, si no...": frase esgrimida con confianza y prepotencia por los empleadores ante la existencia de un amplio "ejército de reserva de fuerza de trabajo" en el mercado. Fuerza de trabajo que se ve obligada a equilibrar sus ingresos por la vía de los mil "pitutos" que actualmente estresan a la población chilena, enferma de sobredosis de trabajo y que angustia a los jóvenes respecto de su futuro laboral. En relación a la protección a la maternidad obrera, los patrones se cuidan de "prevenir" al respecto, exigiendo más que a menudo certificados de no-embarazo como condición de empleo. Y si bien las leyes de pre y postnatal han de cumplirse, las mujeres que "gozan" de este beneficio temen a menudo que hayan caído en desgracia. Muchas excepciones de "buenos patrones" existen actualmente, los que sin duda hacen la diferencia; pero a menudo se trata de "bondad" patronal más que de "ordenamiento legal" como fundamento del pacto social actual: situación muy grave desde el punto de vista del "progreso" y que muestra una clara "involución" histórica de la sociedad del presente. El caso más crítico y emblemático al respecto ha sido el de "las temporeras", trabajadoras rurales para empresas de exportación agrícola, las que son tratadas como fuerza bruta estacional, sin las más mínimas condiciones aceptables de trabajo y sometidas a "trabajo a destajo" por poca paga, exponiéndose a enfermedades por pesticidas... sometidas en general a dura explotación a cuenta del sueño de una paga con qué comprar los útiles escolares de sus hijos u obtener algún ahorro para los tiempos más duros y cesantes del año. Es decir, el más puro peonaje rural femenino al más genuino estilo colonial y decimonónico. c) Respecto de la demanda y permanente lucha del

---

[128]   El 1 de mayo de 2007, conmemoración del Día de los Trabajadores, habló en la Plaza Libertad de la ciudad de Valdivia una trabajadora y dirigente sindical denunciando la actual inequidad de salarios entre hombres y mujeres y, específicamente, en el establecimiento de preparación de alimentos escolares donde ella trabajaba.

MEMCH por el *"abaratamiento de la vida"*, el panorama actual es más que preocupante, especialmente en un triple sentido: los alimentos se están convirtiendo en una fuente de producción de bioenergía, lo cual los encarecerá cada vez más, al paso que en Chile se está concentrando la propiedad agraria en función de productos de exportación o de plantaciones de pino-eucaliptus que destruyen el suelo agrícola, mientras se está diezmando la existencia y el acopio de semillas en los países de menor desarrollo, todo lo cual producirá hambre en el mediano plazo, afectando gravemente a la economía familiar y especialmente a las mujeres y niños, los eslabones biológicamente más necesitados de alimentación de calidad. d) En relación a la demanda del MEMCH de una *vivienda sana y barata*, afortunadamente ya ha terminado aquella pesadilla de los conventillos, mientras se han ido erradicando los campamentos, existiendo una política de construcción y subsidio de vivienda barata, la que, sin embargo a menudo, ha sido objeto de denuncia de mala calidad y estrechez, tarea que está tratando de ser subsanada últimamente con exigencias de calidad de construcción. Actualmente el problema más grave tiene que ver con el reordenamiento de las ciudades en barrios para-ricos y barrios para-pobres, parapetándose los más ricos tras gruesos muros o rejas de seguridad *apartheid*, existiendo, por su parte, un verdadero enclaustramiento de los más pobres en poblaciones que son el paraíso del tráfico de droga y delincuencia, donde los menores son víctimas preciadas. e) Y, en general, el sueño del MEMCH de un *mejoramiento del estándar de vida de la mujer obrera y empleada*. Este mejoramiento es real, pero está actualmente sujeto a un endeudamiento crónico en las multitiendas y condicionado, en general, como hemos visto a través de las historias de vida narradas, a un tremendo sacrificio laboral de la familia obrera y de clase media con vistas a un mejoramiento futuro a través de la capacitación educacional de sus hijos, la mayoría de ellos endeudados, a su vez, por el sistema de "crédito universitario".

En el orden *biológico*, la lucha del MEMCH por a) "emancipar a la mujer de la maternidad obligada a través de la difusión de métodos anticoncepcionales" ha sido, a nuestro juicio, uno de los principales logros de la sociedad contemporánea en todo el mundo, especialmente a partir del descubrimiento de la píldora anticonceptiva, así como de la implementación masiva, a partir de la década de 1960, de distintos métodos anticoncepcionales en los consultorios públicos, poniéndolos al alcance de la mayoría de la población femenina como "política de población". Este hecho, uno de los fenómenos científicos y demográficos revolucionarios del siglo XX, ha suscitado una serie de cambios sociales, económicos, de género y culturales en cadena, sin los cuales es muy difícil comprender las transformaciones de la sociedad actual. Por mencionar solo algunos de estos cambios y a título general, ello ha significado, por una parte, la posibilidad de "planificación de la familia", reduciendo radicalmente la cantidad de hijos, permitiendo mejorar las condiciones de vida de las familias en general y especialmente de las familias de los sectores populares, y a las mujeres poder combinar la crianza con su propio desarrollo personal y laboral. Por otra parte, ha permitido la relativa desvinculación de las relaciones sexuales al riesgo de embarazo, terminando con la oprobiosa vigilancia paterna y materna de las hijas mujeres, revolucionando y mejorando las relaciones al interior de las familias al terminar con el autoritarismo y el disciplinamiento vertical, posibilitando las relaciones de respeto mutuo y de amistad entre padres-madres e hijas. Esta disminución radical del riesgo de embarazo ha revolucionado las relaciones sexuales y de pareja, permitiendo el desarrollo libre y equitativo de la sexualidad entre hombres y mujeres, así como la posibilidad relativa de "elegir" el momento de ser madres, lo que ha permitido a las mujeres la emancipación y el desarrollo de su personalidad, en el sentido de saber poner sobre la mesa de las decisiones familiares y de pareja sus propios proyectos de desarrollo personal, terminando con su subvaloración. La disponibilidad de la "píldora" ha posibilitado liberar a la sociedad de ataduras milenarias, apuntando a una mayor "madurez" de las relaciones de género y de la sociedad en general, al permitir hacer de la maternidad una cuestión cualitativa, de gran valor afectivo y ya no una obligación o una carga pesando como un Destino.

Sin embargo, los métodos anticoncepcionales femeninos por lo general requieren un proceso de "tratamiento". En este sentido, la revolución de la "píldora" ha tenido un nuevo y decisivo alcance a partir de la creación y puesta al servicio de la población femenina de la "píldora del día después", destinada a una mayor disminución del riesgo de embarazo a raíz de una relación sexual desprotegida. Esta píldora, que en Chile el gobierno de la Concertación comenzó a entregar gratuitamente en los consultorios a aquellas niñas que justificadamente lo requiriesen, ha estado destinada principalmente a disminuir el embarazo entre las adolescentes más pobres; embarazos identificados como principal causal de su deserción escolar, comprometiendo su mejor futuro en una temprana, inmadura y no elegida maternidad. Este hecho, como veremos más adelante, suscitó de inmediato en los sectores de la derecha, así como entre la institución eclesiástica católica, un ataque de ira conservadora, interponiendo, desde el año 2002, una serie de demandas judiciales en contra de su distribución, así como de las políticas públicas anticoncepcionales implementadas en los consultorios. Esto no es una situación nueva. En los años sesenta, a propósito de la decisión de iniciar políticas de planificación familiar, entrega de anticonceptivos y legalización del aborto terapéutico, se levantó una tremenda ola de protesta conservadora de los grupos de derecha y de la iglesia. No obstante, entonces no tuvieron éxito y la corriente de transformación cultural, sexual y demográfica del mundo y de Chile, arrasó con su tradicionalismo propiciatorio de la trilogía "familia-patria-propiedad". Pero esta vez sí tuvieron éxito. ¿Cómo fue esto posible, después de cincuenta años de uso de la píldora como sistema anticonceptivo en Chile? Esta vez, en forma incansable, buscando todas las vías y sin escatimar derrotas, estos grupos antipíldora y antipolíticas de control de población encontraron, finalmente, a quien podría fallar a su favor sin apelación, a modo de "Yo, el Rey":[129] el Tribunal Constitucional, creado en Chile en 1970, pocos meses antes del advenimiento de Salvador Allende al gobierno y con el objetivo de velar por el "orden constitucional" del país. Este Tribunal, compuesto de diez personas no elegidas por la ciudadanía y que constituye un "cuarto poder" extrarrepublicano, cuyas atribuciones han sido reconocidas e incluso reforzadas en tiempos de la Concertación, dictaminó en forma definitiva y sin apelación en contra de la "norma pública" relativa a la distribución de la "píldora del día después", apuntando directamente a la prohibición de la entrega de este medicamento en todos los consultorios del país, tema que trataremos en detalle más adelante.[130]

Este suceso, de grave significado político en tanto que revela las profundas contradicciones internas del actual régimen político chileno, suscitó un fuerte rechazo en la ciudadanía, que se movilizó masivamente a lo largo de todo el país. En Santiago, la concentración de repudio al fallo del T.C. agrupó a más de 15.000 personas de ambos sexos y de todas las edades, quienes salieron espontáneamente a la Alameda, que se abrió a la protesta ciudadana por este fallo inquisitorial en contra de una política pública, social y sexual; política de carácter protector, no compulsiva. Allí estaba Ana, feliz con tan amplia convocatoria callejera; ella ha conocido las huellas del embarazo como obligación de niña pobre en la biografía del cuerpo de su madre.

Los abuelos artesanos de Ana, él carpintero, ella costurera, vivían cerca de la cuidad de San Carlos, provincia de Chillán, la tierra de Violeta. Ester, la madre de Ana, escuchó desde niña las canciones de los Parra, famosos en el pueblo por su guitarra celebradora. Ester perdió a su padre a los 5 años, el que murió de la enfermedad que mataba masivamente al pueblo en la década de 1940: la tuberculosis. La familia perdió, así, la base de su sustento y empobreció. La madre trabajaba arduo para sostener a sus hijos, los que caminaban un largo trayecto por la línea del ferrocarril para llegar a la escuela. Pero como siempre ocurría a las viudas pobres con varios hijos, no se la podían con todos y "el choclo había de desgranarse" como estrategia de supervivencia. Así, mientras algunas de las hermanas se fueron a trabajar a la ciudad de San Carlos, Ester llega a Santiago a los 8 años a la casa de una tía, donde vive, va a la escuela y sirve de niña de ayuda. A los 14 años ya trabaja en diferentes casas como empleada doméstica y en un viaje que hace con una de las familias con las que trabajaba, conoce a un hombre mayor y queda embarazada. Él tenía otra mujer; ella no tenía más de 15 años; pasó su embarazo trabajando y tuvo a su hija en casa de su madre; allí hubo de dejarla para partir nuevamente a la capital con la temprana responsabilidad de tener que sustentarse a

---

[129]   Firma de los decretos monárquicos en la época colonial y de antiguo régimen.

[130]   El itinerario del proceso judicial contra la píldora del día después fue expuesto brillantemente por la abogada Lidia Casas en la "tertulia" que tuvo lugar el día 30 de mayo de 2008, a quien agradecemos; tertulia acerca de la cual daremos cuenta en la última parte de este capítulo.

sí misma y a su hija con su trabajo doméstico. El padre no la reconoció y la pequeña porta desde entonces el apellido de su abuelastro. "Hoy mi madre tiene un contacto muy lejano con esa hija... una relación no resuelta... se rompió la protección de madre y hay un distanciamiento que se mantiene", plantea Ana.

Nuevamente en la capital, Ester trabajó como operaria en una fábrica de zapatos y luego como empleada en un restaurante en el centro, cuyos propietarios eran inmigrantes de clase media. Trabajando con esa familia, la madre de Ana conoce a su padre, hijo de los dueños, quien a los 18 años se hace cargo del negocio por muerte de su padre. Ester y este joven propietario se emparejan y tienen tres hijos: el mayor murió de un accidente en los brazos de su madre. "Tomé entonces conciencia de la vida y entendí la realidad como ausencia de la presencia", reflexiona Ana, la segunda, que pasó a ser la mayor. "Legalmente mi padre nos reconoce, pero no se casa con mi mamá; se lo impidió la diferencia de clase con mi madre. Él solo vivió con nosotros en nuestra primera infancia, unos cuatro años". Simultáneamente su padre ya tenía otra relación ("por eso yo tengo una hermana casi de mi misma edad"), emparejándose con una viuda que tenía tres hijos. Luego su padre se empareja por tercera vez; "con esta mujer sí se casa: era de su misma raíz cultural y condición social de clase media". Con ella pasa a conformar una familia tradicional, mientras "nosotros éramos considerados como 'hijos detrás de la puerta' por parte de su familia", hecho que a ella le hace conocer la discriminación social e ir optando por el mundo popular: "el mundo de mi madre". Sin embargo, "nuestro padre era responsable de nuestra mantención; compró una casa para que viviéramos y nos educó en un buen colegio". Pero su padre luego les vendió la casa donde vivían y compró un sitio grande donde había tres casas y allí se llevó a vivir a "su esposa y familia", con la que vivía en la 'casa patronal', a los hijos de y los tenidos con su segunda mujer (quien había muerto a causa de un aborto) y a Ester y sus hijos. "Nosotros estábamos en la casa del inquilino. Él a veces pasaba a saludar, pero muy poco. Fue una situación bien compleja. Mi papá fue un liberal, pero un feudal, autoritario, implantando sus propias decisiones y por ello fuimos todos muy lesionados. Vivir con otra familia que tenía toda la presencia de mi papá y con sus hijos con otro nivel de vida... eso producía una batalla cotidiana entre los niños y provocó muchas heridas... Peleábamos a combos. Me decían que no fuera a la casa de ellas porque no era mi casa... Peleas con la esposa de mi padre... Era una situación de vida compleja y dolorosa... Mi mamá aceptó esta situación porque cautelaba que nosotros tuviéramos la presencia de nuestro padre y que no nos abandonara". Ana, a pesar de sentirse querida y protegida por su padre y su madre, sentía fuertemente la ausencia de pertenencia familiar y vivía la discriminación de clase al interior de la "familia ampliada", como "familia excluida". Por eso "conozco la exclusión como discriminación social vivida desde el interior de mi familia, aprendiendo desde mi propia experiencia lo que sienten los seres humanos cuando son excluidos": aquí reside la matriz de las opciones de vida y pensamiento de Ana hasta la actualidad.

Ana vivió desde los 8 años a los 17 en esa casa, la que fue dos veces allanada en la época de la dictadura, llevándose a varios miembros de la familia presos, incluyendo a su hermana de 12 años, a quienes trasladaron a un recinto donde los tuvieron dos semanas presos, sufriendo amago de fusilamiento.

Al salir del colegio, Ana se fue al extranjero; su madre entonces debió salir de ese lugar. Al regresar a Chile, entró a estudiar Medicina. "Mi vocación siempre fue la salud y la medicina. La muerte de mi hermano, la muerte por aborto de la segunda mujer de mi padre; mi madre, además de los hijos con mi padre, tuvo tres hijos más embarazada de hombres diferentes", a los que tuvo que ir dejando encargados por ahí: dos hijas que dejó en casa de su abuela en el sur, y un hijo que fue dejado al nacer en casa de una tía en Renca, casa de pobres, al que Ana fue a ver y traer a casa: "Sentí que era mi hermano", ambos de padres diferentes... "Desde niña tenía una práctica cotidiana de cuidado de la salud en la familia".

Como estudiante, Ana trabajó en instituciones de apoyo en salud como derecho humano, interesándose en el trabajo con mujeres en el tema reproductivo, en la perspectiva de una maternidad elegida y del derecho al aborto protegido y cuidado en los centros de salud. Esta opción también surge de su experiencia de vida, que le permite apreciar las inequidades y luchar contra ellas: "Cuando decidí hacerme un aborto (mi embarazo fue a partir de un pololeo y por falla del método anticonceptivo), yo estaba estudiando y tuve la oportunidad de no tener que asumir una maternidad temprana de un hijo no deseado, como fue la experiencia de mi madre... Nunca lo he asumido como una culpa; generalmente se vive con culpa porque no hay apoyo de la familia. Esa no fue mi experiencia: conté con la solidaridad de mi padre, quien me acompañó y entonces aún existía la ley de aborto terapéutico, que databa de los años 60: logramos anestesia y buen trato. Las opciones que uno toma tienen que ver con los momentos históricos de la biografía de cada cual. Creo que las nuevas vidas deben poder ser sostenidas en pareja y en un ambiente sano. Mi experiencia de vida me lo dice. Creo que hay que tener mucho respeto por alguien que toma la opción de abortar, porque es una decisión difícil. Un niño requiere muchos recursos, no solo económicos, sino principalmente afectivos", reflexiona sabiamente Ana.

Cuando en la década del 80 se prohibió y criminalizó el aborto terapéutico, como médica pudo ver el maltrato que se hacía en los hospitales a las mujeres que llegaban en malas condiciones por haber tenido que hacerse un aborto clandestino. "En el hospital San Juan de Dios una mujer fue increpada; le hicieron el vaciamiento de su útero sin anestesia. Entendí cómo la pobreza y la exclusión inciden en las alternativas de trato que vive una mujer hacia su cuerpo. En los hospitales no hay complicidad de mujeres con mujeres. Miran la vida de otra como otra. Cuando las mujeres se quejan, les recriminan el 'placer': ¿'no te gustó tener relaciones y tener este hijo...'? Hay una visión de la salud como poder para el castigo; castigo por la sexualidad. El conocimiento médico da ese poder de conocer, de manipular e incluso de maltratar el cuerpo del otro sin tomar en cuenta la individualidad y situación de sus vidas. Dictaminan acerca de lo permitido y no permitido. Los hospitales nunca han sido lugares democráticos; son el símil de un ejército donde las órdenes se cumplen... hasta hoy no hay cambios", plantea Ana.

Respecto de las resistencias actuales a legislar sobre el aborto terapéutico, acerca del fallo del Tribunal Constitucional contra la anticoncepción de emergencia y la existencia incluso de un cuestionamiento a los dispositivos intrauterinos, Ana plantea que en Chile, además de los tradicionales prejuicios moralistas de la iglesia católica y de los sectores más conservadores, existe un interés por aumentar la población del país, teniendo Chile actualmente un promedio de uno a dos hijos por familia: se hace un análisis de la pirámide demográfica y se ve que la fuerza productiva joven disminuye, planteándose el problema de la población adulta mayor y la cuestión previsional que, según el modelo actual, acentuará la pobreza e indigencia en el país a nivel ampliado. Hoy ya enfrentamos la pobreza y abandono de los abuelos en las poblaciones: según la lógica valórica actual, "al que no es útil, al que no produce, se le abandona".

Hoy Ana, quien, luego de separarse de una pareja con la que convivió seis años —relación que no enriquecía su vida como mujer y como persona— vive en forma independiente en un bello departamento, rodeada del cariño de su madre y de tantos amigos que la quieren, se siente conforme consigo misma: coherente en sus principios, con su experiencia y ética de vida. No obstante, porta el dolor de la situación actual de las mujeres en el país: un movimiento feminista debilitado y atomizado y, en el campo laboral y político, "las mujeres son las 'abejas' del panal de los hombres, que concentran todo el poder de acción. Y eso le pasa a la Presidenta: tiene un poder ficticio. Si bien ella apunta a un modelo de desarrollo con más equidad y justicia, no está comprendida la visión de género en la política, ni menos existe la capacidad de mirar el país; es un mundo acrítico... En este país hay una aristocracia del poder... ¿Por qué las mujeres que llegaron a dirigir el SERNAM [131] no han representado a las mujeres luchadoras de los derechos de las mujeres? Las mujeres siguen buscando un lugar en la sociedad que no sea solo en el mundo privado ni solo en el mundo laboral, sino también en la vida pública, donde asuman una postura como sujetos históricos".[132]

A través de la historia actual y especialmente de la bella biografía y pensamiento de Ana, podemos decir que el sueño de emancipación del Mench tiene, en esta última

---

[131]   Servicio Nacional de la Mujer, creado en los gobiernos de la Concertación.

[132]   Entrevista a Filomena, a quien agradezco muchísimo, en un largo desayuno en su acogedor departamento, el haber accedido a compartir su vida y pensamiento para la construcción de esta historia.

generación, un rostro luminoso, especialmente aquel que dice relación con la autonomía e independencia que ha logrado un sector importante de mujeres para autosustentarse y realizarse con sus propios proyectos de vida, hecho posible principalmente a través de las oportunidades educacionales y a través del despliegue de su conciencia crítica ante su propia mirada en el espejo de sus madres. Así, las mujeres han experimentado un notable desarrollo de su personalidad, no aceptando ya someterse sin más a un destino biológico o a un sistema jurídico matrimonial opresivo. No obstante, el rostro actual más oscuro del sueño emancipador del MEMCH y que la biografía de Ana lo dice a gritos, sin duda dice relación con la "protección a la libertad-materna", en el sentido del respeto del cuerpo de las mujeres como su lugar íntimo y propio de creación de vida (como dice el precepto judío, el feto forma parte del cuerpo de la madre),[133] estando antes como ahora sometidas ya sea al peligroso aborto clandestino –cuando deciden no poder enfrentar una maternidad capaz de ofrecer a esa nueva vida humana sanas condiciones de supervivencia y de desarrollo psíquico y afectivo–, o destinadas a una maternidad obligada, a menudo en un momento poco propicio de sus vidas para ser madres.

---

[133] Crónica de Ruperto Concha en Radio Bío Bío sobre el tema de la biopolítica o política de poblaciones en el mundo actual.

12. "¡EL MACHISMO MATA!" FEMINICIDIO ACTUAL Y LUCHA FEMINISTA. LA HISTORIA DE LAS MUJERES FIGUEROA-MONSALVE-ALFARO

También viene a mi cabeza
como una vista brutal,
un Martes a aclarar
se llevan a la Teresa;
entre nueve y a la fuerza
l'arrastran Mapocho abajo
sacándole los refajos,
mientras se hacen que no ven
unos que dicen amén
por no entregarse a los tajos
(...)
Al otro día los diarios
anuncian con letras gruesas
que hallaron una Teresa
muerta por unos barbarios;
¿Qué sacan del comentario
si no ha de poner remedio
al bar qu'es un cementerio
legal, como bien se sabe,
el código, enfermo grave,
sordo y mudo a estos misterios?

VIOLETA PARRA

Se iniciaba el siglo XXI cuando Bárbara, de trece años, fue encontrada y recogida, como un malherido animalillo de ser humano, cerca del basural de Alto Hospicio, una localidad de pobres ubicada en los altos arenosos de Iquique, Región de Tarapacá. Un hombre la había secuestrado, violado, intentado matar y arrojado a un pique de la antigua y afamada mina de plata de Huantajaya. Fue lo que destapó la tremenda mentira sostenida hacía varios años por el macho institucional por excelencia, el cuerpo de policía, cuando aseguraba que la desaparición de varias niñas y mujeres de Alto Hospicio se debía a su emigración para trabajar como prostitutas en un país fronterizo. El aparecimiento de Bárbara fue lo que destapó el velo de esa mentira y el misterio del desaparecimiento y muerte de nada menos que catorce mujeres de Alto Hospicio ocurridas entre 1998 y 2001, en plena "democracia" o, al menos, de reinstitucionalización de los aparatos de "justicia", cuyas puertas habían tocado en vano sus madres y familiares. Todas las desaparecidas eran jóvenes mujeres de familias pobres que, por lo mismo, habían de temer por su supervivencia, tanto por mujeres, como por pobres. Su género+clase era una peligrosa conjunción que las vulneraba gravemente. Pero quizás aún eran muy jóvenes para saberlo.

Este horror ensañado en cuerpos de niñas adolescentes, la figura más frágil de la sociedad, volvió a sangrar la herida abierta de la historia de un país gravemente vulnerado durante la dictadura de Pinochet por el terror del desaparecimiento, la tortura, la violación y la muerte. Un estremecimiento que recorrió el cuerpo de Chile y que instaló con mucha fuerza la problemática de la violencia en las relaciones de sexo y género, ampliándose la problemática de la violencia política vivida, a la constatación escalofriante de la cotidianidad de dicha violencia en la sociedad civil y su impunidad mentirosa en el aparato público. Violencia y mentira, mentira y violencia, aparecían como las dos caras de una misma moneda que tenía a las mujeres y niñas como principales víctimas.

El problema de la violencia contra las mujeres había sido visibilizado desde la década de 1980, cuando las militantes a favor de los derechos humanos de las mujeres instauraron, en 1981, el 25 de noviembre como el *Día contra la Violencia de las Mujeres*, fecha-día que conmemoraba el brutal asesinato político de las tres hermanas Mirabal por parte del dictador Trujillo en República Dominicana. En 1999 la Asamblea General de las Naciones Unidas ratificó dicho día, el que se ha venido conmemorando año a año, visibilizando el impacto de este problema en todas las sociedades y en pleno siglo XXI. En el curso de los años y de los distintos regímenes políticos, el problema de la violencia contra las mujeres se ha ido ampliando desde la esfera netamente público-política hacia la esfera doméstica y de género, visibilizándose el problema de la *"violencia civil"* física y síquica, puertas adentro y puertas afuera, la que ha ido alcanzando evidencia pública y política, respecto de la cual las leyes, las instituciones y la sociedad en general se han de hacer cargo.

Así, ante las evidencias históricas de que esta violencia era una problemática transversal en la sociedad y que no solo tenía expresiones "puertas afuera", sino que era casi una constante "puertas adentro", afectando silenciosamente a miles de parejas, especialmente mujeres, niños y personas más vulnerables, invisibilizando la violencia social en el espacio "privado" y quedando impune ante la indiferencia de las leyes, las autoridades y la sociedad en general, las diputadas Adriana Muñoz y María

Antonieta Saa presentaron en Chile un proyecto de *Ley de Violencia Intrafamiliar*, la cual fue aprobada y publicada en el Diario Oficial el 7 de octubre de 2005. Dicha violencia quedó definida como todo maltrato que afecte la vida o la integridad física o síquica de quien tenga o haya tenido una relación de convivencia con el ofensor. La Ley no solo garantiza el aumento de penas y la tipificación de un nuevo delito, como la *violencia síquica*, sino también una mayor capacidad de obtener protección para quienes denuncien maltratos, así como la obligación del agresor de abandonar la casa; la prohibición de que se acerque a la víctima, a su casa o a su lugar de trabajo; la obligación de asistir a terapia; y la facultad concedida a las policías para incautarle toda clase de armas. La importancia de la ley radica, sin duda, en la criminalización pública de la violencia privada, destapando un tabú histórico de gran impacto e influjo social, comenzando una lluvia de denuncias de maltrato y violencia que otrora quedaban en el secreto intramuros.

No obstante, la violencia sexual hacia las mujeres tiende a rebasar los muros y a expresarse una y otra vez en el terror y la oscuridad del crimen, instalando la inseguridad de mujeres en los caminos. Fue el caso de Josefina, que se salvó milagrosamente de su secuestro e intento de violación en 2007, cuando caminaba tranquilamente al atardecer de Temuco desde el terminal de buses a su pensión estudiantil. Arrastrada a un potrero y rasgadas sus vestiduras con la fuerza de la exasperación violadora, ella, jamás vencida, supo usar una amenaza: "tengo sida"…momento de duda prodigioso para dar su golpe de liberación y echar a correr y correr.[134] Los casos suman y siguen; los que han saltado de la crónica roja a la conciencia crítica de la sociedad actual.

El horror feminicida alcanzó su grado máximo al iniciarse el año 2008 en la ciudad de Valdivia, con la muerte de dos pequeñas niñas de 6 y 7 años, engañadas por un vecino-asesino, quien las llevó a su casa donde las violó y asesinó con una crueldad inimaginable. El asesino-vecino tenía un nutrido prontuario policial por robo y drogas y había sido reiteradamente denunciado por violencia intrafamiliar por parte de su pareja.[135] Ante este alevoso crimen de dos pequeñas secuestradas, abusadas sexualmente y asesinadas, la sociedad entera se ha sentido conmovida y violentada en lo más hondo de su ser, instalándose el miedo, la inseguridad, la impotencia y la rabia; incluso el terror. Este está basado en que, como en tiempos históricos de terror dictatorial, la sociedad chilena siente una clara desconfianza hacia el otro, que puede ser el propio vecino, capaz de traicionar y matar impunemente a los grupos más vulnerables de la sociedad, cuales son las niñas.

---

[134]   Caso revelado a la autora de este artículo por una profesora de Josefina.

[135]   Crimen de Sofía Sarabia y Camila Godoy el día miércoles 27 de febrero de 2008 en la localidad de Isla Teja, en la ciudad de Valdivia.

Me parece que el problema radica, entre otras cosas, en que no conocemos a quien vive en la puerta del lado. Nos preocupamos de proteger nuestros bienes materiales y no de saber con quiénes convivimos y así cuidar a nuestros hijos. Hay que prevenir. Las niñas ya no están, ya sufrieron y eso ninguna pena para el culpable va a cambiarlo.[136]

A esta desconfianza en el "otro-vecino", sobre la cual ninguna democracia puede ser construida, se suma un sentimiento de resquemor ante la ley y el sistema judicial, los que han demostrado que pueden, a través de sus múltiples recursos, hacer de un crimen, cualquiera sea su gravedad, un asunto de presidio medio o menor. A nivel cotidiano policial, se constata, en general, que las leyes "mueren" en las denuncias por violencia sexual, hechas agua cada día en los retenes policiales... La percepción de una "justicia injusta", y de que las leyes de protección policial no funcionan, está en la base del sentimiento de impunidad e inseguridad social y vital actual.

Como madre, pienso en lo terrible de nuestra justicia; ojala nuestra Presidenta, con sus arranques populistas, tome conciencia de lo que está pasando hoy en día; que seres oscuros como el que mató a estos angelitos, no sigan libres. El único consuelo que queda es que en la cárcel sus propios congéneres hagan justicia. No hay perdón; que la justicia no diga que es un pobre enfermo mental, que estaba loco; ¡no sigamos con lo mismo![137]

La esperanza de justicia está depositada en los propios delincuentes presos, es decir, en la antítesis de la justicia y la ley.

Actualmente el movimiento feminista, a través de algunas de sus voceras, tiende a ampliar el problema y concepto de "violencia intrafamiliar", en tanto este no es capaz de dar cuenta de la violencia de género que atraviesa toda la estructura de la sociedad.

Soledad Rojas, una de las representantes del trabajo que realiza la Red Chilena contra la Violencia Física y Sexual, explica, en entrevista concedida a la Asociatividad para la Acción por la No Violencia, que si bien el reconocimiento de la violencia intrafamiliar es un avance importante, el fenómeno debe ampliarse a su comprensión, conceptualización y penalización en tanto "violencia de género", entendida como "aquella violencia que refleja las asimetrías de poder en la sociedad entre hombres y mujeres y que de alguna manera cumple la función de perpetuarlas, de reproducirlas. Es, de alguna manera, parte constitutiva de las relaciones sociales desiguales y, al ser parte constitutiva cumple la función de reproducción del sistema mismo. Bajo ese marco es posible identificar otras formas de violencia contra las mujeres que no están nombradas sistemáticamente, y sobre las cuales no existe mucha sensibilidad. El concepto 'violencia de género' permite abordar tanto la violencia simbólica, como también la violencia institucional, la violencia sexual, la violencia doméstica, la violencia en el ámbito de la salud contra las mujeres, en las cárceles o en los

---

[136]   Carta de Augusta Schenke a *El Diario Austral*, Valdivia, 2 de marzo, 2008, p. A6.

[137]   Evelyn Sch., carta a *El Diario Austral*, Valdivia, 2 de marzo, 2008.

distintos espacios; por ejemplo, la trata de blancas, la trata de mujeres con fines de explotación sexual. Todas estas son formas de violencia contra las mujeres que no están visibilizadas".[138]

En efecto, puertas adentro y puertas afuera, las relaciones de opresión que más que a menudo acompañan las relaciones de género en la sociedad, en las cuales la violencia síquica basada en la mentira y la negación del otro y la otra, junto al crimen y la violencia del cuerpo físico y subjetivo de niñas, mujeres, esposas, amantes, trabajadoras, vecinas y transeúntes, constituyen un agudo problema que toca el nervio mismo de las relaciones hombre-mujer en la sociedad. Ocurría antes, como señalaba a principios de siglo el "hombre/alborada", y sigue ocurriendo ahora, como con mucha fuerza lo denuncian la civilidad y el movimiento feminista a nivel mundial, sin que, en este sentido, mucho haya cambiado, inscribiéndose una línea de continuidad negativa en el tiempo histórico y en los cuerpos síquicos y físicos de las mujeres.

Respecto de la violencia criminal hacia las mujeres y con el fin de visibilizar claramente el carácter de género que tiene este tipo de crimen, actualmente, el movimiento feminista ha acuñado este concepto de "feminicidio" para especificar Corporación La Morada, titulado *Feminicidio en Chile*, de las autoras Soledad Rojas, Camila Maturana y Gloria Maira, se define el feminicidio como el asesinato de la mujer como resultado extremo de la violencia de género que ocurre tanto en el ámbito privado como en el público. Se plantea que muchos asesinatos son el trágico desenlace de episodios de violencia familiar derivados de la "posición subordinada" de la mujer en la sociedad. Allí se reveló que al menos 84 mujeres fueron víctimas de feminicidio en Chile entre 2001 y 2002, lo que representa la mitad de los homicidios de mujeres identificadas. El estudio constata que en los feminicidios identificados, la mayoría de las víctimas eran mujeres en situación de pobreza, de escolaridad básica o media, gran parte de ellas dueñas de casa, y las que trabajaban fuera lo hacían en ocupaciones mal remuneradas.

Así, como decíamos, mucho no ha cambiado desde los tiempos de Carmela Jeria y *La Alborada* en materia de violencia contra la mujer, el punto más crítico de las relaciones de género en la sociedad, al que apuntaban las palabras de Calderón: el machismo mataba entonces, como él denunciaba, y el machismo sigue matando ahora

---

[138]   Entrevista a Soledad Rojas, publicada el 14 de septiembre de 2004 en la página web de la Asociatividad para la Acción por la No Violencia. La entrevistada representa a la Red Chilena contra la Violencia Sexual, que es parte de la Red Feminista Latinoamericana y del Caribe contra la Violencia Doméstica y Sexual, creada en 1990, durante el V Encuentro Feminista. Consolidada en agosto de 1992 en Olinda, Brasil, con la participación de organizaciones de mujeres de 21 países de la región, la Red busca fortalecer la capacidad de acción y de propuestas de las organizaciones que la conforman; potenciar la capacidad de impacto a nivel local, nacional y regional; fomentar iniciativas de atención, prevención e investigación, e incorporar el tema en las agendas públicas de los países de la región.

(muerte física y/o muerte síquica) a las mujeres en su calidad de mujeres. Durante estos últimos años, el movimiento feminista lo ha venido denunciando reiteradamente con sus campañas y su emblemático cartel *Cuidado: el machismo mata*, constituyendo una de sus más importantes banderas de lucha, la que, sin duda, le ha conferido a este movimiento un nuevo protagonismo; demanda acogida por el gobierno actual a través del Servicio Nacional de la Mujer. Una vez más, como a lo largo de la historia de su movimiento, las feministas han sabido interpretar una de las demandas y necesidades de protección más sentidas de las mujeres en el campo de las relaciones de género en la sociedad.

Y este "machismo que mata", no solo lo hace con la fuerza física, sino, en forma bastante generalizada, con la violencia de la negación, es decir, con la *violencia de la violación de los derechos humanos básicos* de la mujer como persona: violación de su derecho al respeto, a la verdad y a la honestidad. Y este machismo que mata como violación a los derechos, dista mucho de haber mejorado; en muchos casos, incluso ha involucionado. Esto lo podemos apreciar en la bella y significativa historia de vida de las Figueroa, Monsalve y Alfaro.

La abuela Ana Luisa Figueroa pasó su infancia, en la década de 1930-40, como niña casi esclava en una casa de campo de la zona de Panguipulli, a donde la entregó su madre, dedicando su pequeña vida, desde las 5 de la mañana hasta el anochecer, a los afanes del campo y la casa, cortando leña, ordeñando, criando cerdos y gallinas, haciendo fuego y pan, lavando y aseando. Por supuesto, jamás conoció un salario ni mucho menos una escuela. Escapó de dicha situación casándose muy joven con un hombre mayor, con el cual tuvo hijos y mala vida como inquilinos, pasando ella y sus hijos frío, humedad y hambre, saciada principalmente gracias al "hueso dámele gusto", un hueso que pasaba de casa en casa de los trabajadores agrícolas del fundo para la sopa del día.[139] Siguiendo, quizás, el ejemplo de su madre, un día decidió salir de su casa y partir a la capital a buscar mejor destino, dejando a sus hijos en el campo a la desventura de la caridad de amigas y parientas. Habiendo sobrevivido al abandono gracias a la solidaridad de buenas mujeres de campo y ya algo crecida, su hija Elisa Monsalve partió también un día a la capital a emplearse a una casa de buenos patrones, cuando un domingo de salida conoció al padre de Karen, artesano en joyas, con quien se casó, pasando a ser dueña de casa, preocupada del cuidado y escolarización de sus dos hijos, mostrándose Karen muy aventajada en sus estudios. Un día cualquiera, sincerándose con Elisa, su marido le dijo que estaba enamorado de otra mujer, por lo que quería que ella estudiara para prepararla para la separación, gracias a lo cual Elisa

---

139   Entrevista a Ana Luisa Figueroa Hernández, a quien agradezco haber accedido a una entrevista, compartiendo su autobiografía para esta historia, junto a su hija y nieta, con quienes estuvimos compartiendo largamente en torno a mi mesa sureña el verano de 2008.

estudió peluquería...; sin embargo, no se separaron, permaneciendo juntos hasta hoy, ayudando ella a la economía familiar con sus dotes de peluquera.[140]

Pero su hija Karen, nacida el año 1977, como buen fruto de la revolución educacional que se había estado produciendo hacía más de una década, deseaba ser profesional (los alumnos matriculados en la educación superior saltan de 40.284 en 1965 a 99.603 en 1971, cifra que siguió aumentando en forma progresiva).[141] No obstante, sus padres, artesano y peluquera, que se habían contentado con el esfuerzo hecho por darle una educación media técnica completa, no estaban en condiciones económicas de darle esa oportunidad, por lo que Karen, porfiando los obstáculos de su destino, decide partir, con unos pocos pesos en el bolsillo, a estudiar la carrera de Pedagogía en Historia a Concepción. Pasando hambre y necesidades y combinando trabajo y estudio, Karen sacó su carrera adelante en forma destacada. Trabajando luego arduamente como profesora por varios años, los frutos de su esfuerzo se expresaron en la satisfacción de poder comprar una casa a sus padres, dándoles aquella mejor vida que ellos no habían podido tener. Expresión también de su talento y dedicación vocacional, Karen ganó una beca a España para sacar su doctorado. ¡Qué orgullo para su abuela, semiesclava desde niña en el campo y analfabeta, así como para sus padres, quienes, con muchas dificultades apenas subsistían, ver a su niña partir a España a doctorarse! Alegría solidaria de muchos amigos de la población donde vivían sus padres, quienes acudieron en masa a despedirla al aeropuerto.

Mujer valiosa, plena de valores humanistas, bella de alma y de cuerpo, Karen se emparejó hace varios años con un compañero de carrera, asumiendo ella la doble jornada de trabajo fuera y dentro de la casa: clases de lunes a sábado, además de su compromiso militante con la historia social y los derechos humanos, llegando apurada a cocinar, lavar y planchar, plena de energía y compromiso amoroso.[142] Ha sido ella quien ha llevado el peso mayor en la relación de pareja al desdoblarse entre sus tareas profesionales y los quehaceres del hogar. Es ella quien, en los momentos difíciles de su relación, ha perseverado tras sus objetivos personales y profesionales. No obstante, un violento quiebre amoroso la expulsó un día del hogar común: lloró la indignidad de ese acto de "desalojo" de su espacio material y de un proyecto de vida en pareja largamente construido. ¿Por qué Karen fue capaz de aceptar dicha humillación como mujer a pesar de sus dotes de inteligencia y su nivel profesional? Cabe preguntarse si ha sido suficiente este desarrollo de su razón ilustrada para asegurarle su emancipación

---

[140]   Entrevista a Elisa Monsalve Figueroa, a quien agradezco su disposición a contarnos su historia, junto a su madre e hija, reunidas en nuestra mesa sureña el verano de 2008.

[141]   *Estadísticas Históricas*, Santiago, Instituto de Economía de la Universidad Católica, 2000.

[142]   Entrevista a Karen Alfaro Monsalve, a quien agradezco haber compartido su autobiografía para esta historia de mujeres, junto a su abuela y su madre, en amena conversación en nuestra mesa sureña, un amable domingo del año 2008.

femenina... ¿Qué es lo que permitió a su pareja cometer ese acto de violencia? ¿Cómo persiste y se manifiesta el machismo ilustrado hoy, que mata en el cuerpo y en el alma de la mujer, en pleno siglo XXI? ¿Por qué Karen partió sin más, sin emitir una palabra de protesta y de reivindicación de sus derechos y dignidad de mujer? ¿Cuánto pesa aún en ella su origen humilde, nieta de niña semiesclava campesina e hija de padres de la clase popular?

Karen es, en todo sentido, una "mujer-fuerte": una profesional de talento, con una clara conciencia política y una comprometida militancia en derechos humanos y sociales. A todos los obstáculos se ha sobrepuesto Karen, quien ha ganado una jornada laboral de prestigio y ahora espera un hijo. Ahora Karen podrá enseñar a su hijo —su "hermoso regalo de la vida", como ella ha expresado— a ayudar a las mujeres de su propia generación a levantar el peso de la histórica piedra opresora, como positiva y generosa reivindicación de su bisabuela, su abuela y su madre.

13. La Matria: el gobierno de las mujeres. La presidenta Bachelet Jeria, la María Jesús, las tertulianas y las mapuche: lucha y reflexión en torno a vivencias, saberes y anhelos

Violeta Parra

Como dijimos, un pueblo entero que decidió dejar de ser víctima, aprovechó la oportunidad de un voto para empuñar su tradicional arma republicana, el lápiz, y echar abajo la dictadura al finalizar los ochenta. Pero Pinochet y los enriquecidos señores de su corte, lejos de irse con la cola entre las piernas, supieron amarrarse muy bien con ella a los asientos y puestos de primera y segunda fila, bajo el escenario que ocuparon los republicanos. El pueblo, ocupando las galerías de este gran teatro de nuestra nueva historia, sintió de inmediato inmensa alegría y alivio de salir del túnel de la forzada noche más larga de nuestro país. El amanecer de la década de 1990 mostraba su sol de invierno, suficiente para entibiar los cuerpos y poner fin al horror y al temor.

Los protagonistas principales de la oposición a la dictadura han continuado su lucha en estas últimas décadas, conquistando algunas de sus demandas, a pesar de la "justicia en la medida de lo posible", en palabras del presidente Patricio Aylwin, quien estableció así el límite o el rayado de cancha político de la nueva refundación institucional. Así, en el ámbito de los derechos humanos, las organizaciones, y especialmente las mujeres, continúan la búsqueda de sus seres queridos detenidos-desaparecidos, mientras la justicia, estimulada por la lluvia de demandas provenientes de la sociedad civil, así como por las revelaciones de los Informes Rettig y Valech, ha avanzado en algunos juicios de graves violaciones a los derechos humanos, llevando a tribunales e incluso a la cárcel a algunos de los responsables de estos actos. Los gobiernos de la Concertación han tratado de reparar en parte los daños causados por la dictadura a las víctimas de dichas violaciones, a través de pensiones, atención de salud y becas en el sistema de educación nacional; todo lo cual, si bien no ha logrado reparar el grave daño, ha significado el reconocimiento del dolor personal y de nuestra herida colectiva por parte del sistema político, de igual modo que, entre los más dañados, una cierta recuperación de su dignidad como personas. Así me lo confesó una bella mujer de 50 años, retornada del exilio, en una entrevista previa a su ingreso a la universidad a estudiar historia con la beca Valech. Sin disimular su emoción, agradecía la oportunidad de comenzar nuevamente un camino, cuando ya todas las puertas le parecían haberse cerrado; agradecía a la vida esta oportunidad de sentir una luz tibia instalándose en el cuerpo de su cansancio...

Uno de los logros concertacionistas más importantes en materia de institucionalidad de la demanda feminista ha sido la recuperación del proyecto allendista de protección de la mujer a través de la creación, en enero de 1991, del Servicio Nacional de la Mujer (SERNAM), con rango de ministerio, creado con el objetivo de promover la igualdad de oportunidades entre hombres y mujeres.[143] Su misión es colaborar con el Poder Ejecutivo en el diseño y coordinación de políticas públicas que pongan fin a los niveles de discriminación que afectan a las mujeres en los ámbitos familiar, social, económico, político y cultural. Una conquista institucional sin duda histórica en la medida que pretende investirse y ejercer poderes e influjos con vistas a la protección de la mujer chilena. Esta fundación es expresión del eco institucional que alcanzan los movimientos sociales de todo el mundo y que luchan por la justicia del reconocimiento de la mujer como sujeto y de la urgencia de sus demandas, tendientes a la creación de políticas públicas preocupadas de la justicia y protección de ellas, consideradas vulnerables y en desventaja histórica en el seno de la sociedad. De este modo, el gobierno de la Concertación daba, asimismo, cumplimiento a los compromisos internacionales contraídos por Chile al ratificar la Convención de Naciones Unidas sobre Eliminación de Todas las Formas de Discriminación contra la Mujer (CEDAW) y suscribir otros acuerdos que recomiendan a los países que organismos de alto nivel se preocupen de impulsar el progreso de las mujeres. Para dar cumplimiento a su misión, el SERNAM cuenta con una organización conformada por trece direcciones regionales y diferentes departamentos, entre ellos el de reformas legales, que tienden a promover la mayor igualdad de género en el orden jurídico.[144] De este modo, "una parte de la agenda de

---

[143] Ley N° 19.023, publicada el 3 de enero de 1991. El Servicio Nacional de la Mujer es un servicio público, funcionalmente descentralizado, dotado de personalidad jurídica y de patrimonio propio.

[144] Entre las leyes surgidas del SERNAM, se cuenta la Ley de Violencia Intrafamiliar (19.325) y la Ley de Régimen de Participación en los Gananciales (19.335). Asimismo, entre sus Proyectos de Ley están:

las mujeres para la democracia se ha concretado y estos cambios han aumentado los grados de libertad de la sociedad: el régimen de participación en los gananciales, la patria potestad compartida, la eliminación de la figura de los hijos ilegítimos, la ley contra la violencia intrafamiliar, la consagración constitucional de la igualdad de derechos de mujeres y hombres, el divorcio, (...), la ley contra el acoso sexual, entre otros aspectos. Todo ello, acompañado por cambios tanto en el imaginario colectivo, como en el discurso político y en la participación de las mujeres en el mundo laboral".[145]

A pesar del hecho positivo de la existencia de este servicio, que busca ser el rostro institucional de las luchas y demandas de las mujeres chilenas, SERNAM ha sido objeto de diversas críticas. Se le califica como un "servicio precario" en el auxilio y asistencia de los problemas que debe soportar la mujer en el país. Livia Grácola, miembro de la directiva nacional del Partido Humanista planteó el caso de las Casas de Acogida, las que, a su juicio, no permiten la sanación de las víctimas de violencia intrafamiliar, en tanto que no constituyen "hogar". Livia sostiene que "vivimos en condiciones de violencia, exclusión, discriminación, xenofobia, fundamentalismos de todo tipo. Falta de oportunidades de estudios, trabajos, trabajos dignos. Otras y otros viven el flagelo de la cesantía, el abandono; la calle se ha vuelto su "hogar". Para algunas, su casa se ha transformado en un peligro. Todo está trastrocado. Así como muchos condenan el aborto y lo consideran un asesinato, por otra parte están muy de acuerdo con penalizar a los niños y niñas desde los 14 años".[146]

Las reivindicaciones femeninas, sin embargo, encontrarán en la nueva institucionalidad política un espacio importante, abriéndose ésta a la presencia de las mujeres en los ministerios, reparticiones públicas y cargos políticos, generándose oportunidades para el ejercicio de su "ser política" en Chile, imponiendo un nuevo rostro a la política tradicional, otrora monopolio del gobierno de los hombres.

Esta nueva presencia femenina, si bien no ha modificado sustancialmente el "modo de hacer política" en Chile ("concejalas, alcaldesas, diputadas y senadoras –cada vez más escasas a medida que aumenta el prestigio y poder del cargo respectivo– deben dar generalmente su principal lucha en el propio partido");[147] sin embargo, ello ha ido rompiendo la tajante separación cultural de los roles de género, facilitando las transformaciones en cadena de las relaciones sociales, económicas y familiares entre los sexos.

---

el proyecto de Ley de Filiación-Igualdad para hijas e hijos; el de Igualdad Jurídica entre Hombres y Mujeres; de Prohibición de Solicitud de Test de Embarazo; el proyecto de Ley de Acoso Sexual. Entre los anteproyectos de ley y estudios figuran: la Ley de Salas Cunas y la de Subsidio Maternal para Trabajadoras de Casa Particular.

[145] Alicia Frohmann, op. cit.

[146] Livia Grácola, <www.PHChile>.

[147] Alicia Frohmann, op. cit.

La expresión más emblemática de este fenómeno del "ser política" en Chile ha sido, sin duda, el gobierno del poder ejecutivo de la primera mujer en Chile: la actual presidenta Michelle Bachelet Jeria (1951). No dejó de ser emocionante para todos los sectores del país ver, ese día 11 de marzo de 2006, saludando sin sombra de hombre en el balcón de La Moneda, a una joven mujer acompañada de sus hijos, atravesado su pecho por la banda presidencial. Ante ese balcón, ella era emblema y encarnación de diversos procesos de ruptura históricos, de aspiraciones de justicia y de fenómenos de emancipación social y de género que no dejaron a nadie indiferente. Hija de Alberto Bachelet, militar detenido por la dictadura pinochetista y muerto en prisión por tortura a raíz de su compromiso institucional con el gobierno de Salvador Allende, médica pediatra conocedora de la problemática social y de la salud en Chile, militante socialista en los tiempos de la Unidad Popular y, por lo tanto, comprometida con "la vía chilena al socialismo" o el proceso de transformaciones revolucionarias por la vía democrática; detenida junto a su madre, Ángela Jeria, en 1975, y conducidas a los centros de detención y tortura Villa Grimaldi y Cuatro Álamos; exiliada, casada-separada, madre jefa de hogar de tres hijos, retornada en la década de 1980 a terminar sus estudios universitarios y parte activa del proceso de apoyo médico a los niños afectados por la dictadura; mujer activa en los movimientos ciudadanos en pro del derrocamiento de la dictadura; médica del sistema de salud pública durante los primeros gobiernos de la Concertación; ministra de Estado y, finalmente, Presidenta, Michelle Bachelet encarnaba, esa mañana del 11 de marzo de 2006, el doloroso y esforzado camino de tantas violetas que han sembrado el camino de la historia de Chile, especialmente de los últimos 35 años. Ella, ante ese balcón de La Moneda, era, de una u otra manera, espejo de nosotras mismas.

"Mi compromiso como presidenta de Chile será recorrer, junto a ustedes, un tramo más de esta gran alameda de libertad que hemos venido abriendo", fueron las palabras de la candidata Bachelet el día de su elección, tocando uno de los símbolos más sensibles de la memoria colectiva chilena.

La idea-fuerza de su campaña de dar un giro a los gobiernos de la Concertación hacia un "gobierno ciudadano", democratizando el sistema político y dando un decidido paso hacia la participación civil, fue el imán de atracción más fuerte de apoyo a su candidatura por parte de la ciudadanía. Otro punto neurálgico de su campaña apuntaba a uno de los puntales más enervantes del sistema neoliberal: el sistema previsional, comprometiendo su reforma. En materia de salud, el sustantivo aumento del plan AUGE permitía imaginar un fortalecimiento de la salud pública; en materia de economía social, la reducción de la irritante desigualdad en los ingresos –figurando Chile con uno de los peores índices a nivel mundial–, imaginaba una sociedad más equitativa, tanto en el sentido de género como, especialmente, de clase. La promesa de un Ministerio del Medio Ambiente fue un punto muy atractivo también, estando Chile presa de la explotación indiscriminada y muy depredadora de sus recursos naturales por parte de las grandes compañías nacionales y trasnacionales, mientras, a nuestro juicio, el punto más débil de su programa dejaba una de las llagas más sensibles del sistema neoliberal de la dictadura al aire: el sistema educacional, problema que ante los ojos de todos estaba a punto de estallar. Y estalló.

Apenas alcanzó a celebrar la ciudadanía una de las medidas sociales y justicieras más importantes e inaugurales del gobierno –atención de salud gratuita en el sistema de salud público a los mayores de 65 años–, cuando las y los estudiantes secundarios paralizaron y salieron a las calles a todo lo largo del país: era la "revolución pingüina" (mayo, 2006). Ochocientos mil estudiantes secundarios (el 80% del universo total del país) protagonizaban paros, tomas de liceos y marchas en protesta por el régimen educacional a que están sometidos en Chile, convirtiéndose en el mayor movimiento de estudiantes de la historia nacional. Movimiento que suscitó el apoyo de la FECH, del Colegio de Profesores, del gremio de la salud, de los padres y apoderados y de la ciudadanía en general, la que se sintió plenamente interpretada con la revuelta y las demandas de los estudiantes: a) derogación de la Ley Orgánica Constitucional de Educación (LOCE); b) derogación del Decreto Ley 524 del 10 de Abril de 1990, que regula a los Centros de Alumnos; c) fin de la municipalización de la enseñanza; d) estudio y reformulación de la Jornada Escolar Completa (JEC); e) gratuidad de la Prueba de Selección Universitaria (PSU); f) pase escolar gratuito y unificado; g) tarifa escolar gratuita en el transporte escolar para la Educación Media.

Como respuesta, la presidenta Bachelet se dirigió al país por cadena nacional de radio y televisión, anunciando un paquete de medidas especiales para llevar a cabo una "Reforma de Calidad a la Educación": a) reorganización del Ministerio de Educación para permitir la fiscalización a través de una Superintendencia; b) establecimiento de un Consejo Asesor Presidencial de Educación para el mejoramiento de la calidad educacional; c) reforma de la LOCE, consagrando el derecho de los ciudadanos a una educación de calidad e impidiendo la discriminación injustificada de alumnos por parte de los establecimientos. El Estado se convertiría en garante de la calidad de la educación; d) medio millón de nuevos alumnos beneficiados con almuerzos, que para 2007 serían más de 770.000; e) inversiones para mejoras de la infraestructura en 520 establecimientos, principalmente en casinos y baños. 1.200 establecimientos tendrían mejoras inmobiliarias; f) becas para estudiantes de Educación Técnica Profesional durante sus prácticas laborales de 3 meses; medida que beneficiaría a más de 70.000 estudiantes; g) pase escolar nacional y gratuito para los más necesitados, que podría ser utilizado todos los días de la semana sin límite de horario; h) PSU gratuita para 155 mil estudiantes, equivalentes al 80% más pobre del país.[148]

---

[148]   "Conflicto estudiantil de Chile 2006", <http://es.wikipedia.org>.

Cara a cara al gobierno de Michelle Bachelet estaba una joven estudiante de 16 años, María Jesús Sanhueza, una de las líderes del movimiento, vocera de la Asamblea Coordinadora de Estudiantes Secundarios, ACES. De bello rostro moreno, pelo negro liso, frente ancha y ojos despiertos, "la Jeshu", como la llaman sus compañeros, representa a una nueva juventud rebelde que se ha puesto en acción en Chile, movilizándose en contra del sistema y la educación de mercado y el lucro y "por el fin de la subvención", como rezaban sus consignas.

Con respecto al "paquete" de medidas económicas decididas por la Presidenta para bajar el movimiento estudiantil, María Jesús, en conversación con la BBC, planteó que "asumimos que las propuestas planteadas por Michelle Bachelet son producto del esfuerzo de nuestro compañeros y asumimos como una victoria lo que hemos logrado. Pero seguimos luchando por el máximo fin que es cambiar la ley de educación". Michelle también se había planteado ya al respecto, anunciando que enviaría al Congreso un proyecto de reforma de la ley educacional chilena, ante lo cual María Jesús instaló de inmediato la duda acerca de la modalidad política de su formulación: "Queremos que se esclarezca la manera en que se va a hacer el proyecto, que la presidenta se reúna con nosotros, que nos determine las fechas, los plazos de la mesa de trabajo que se va a establecer, que se garantice que los otros actores de la educación también van a participar de ese proyecto y que todo eso quede claro en un acuerdo protocolar que podamos firmar con ella". El objetivo final de dicha reforma, a su juicio, debía ser "que se garantice como un deber del Estado el darles educación a sus ciudadanos".[149]

La Presidenta logró llevar a los dirigentes estudiantiles a una "mesa de diálogo" formada por una serie de señores asesores técnico-profesionales, reconociendo posteriormente la dirigencia estudiantil como "uno de sus errores" su participación en ese Consejo y "el haber creído en el gobierno", deponiendo sus movilizaciones.[150] Pero el movimiento también había llegado a su límite crítico, de modo que sentarse a dialogar constituía necesariamente una nueva fase del mismo proceso. No duraron mucho sentados en esa larga y elegante mesa redonda; pronto los estudiantes emprendieron la retirada del Consejo, haciendo su mea culpa. ¿Por qué se retiraron?, ¿qué son estas "mesas de diálogo" que han constituido una verdadera forma de gobierno de la Concertación?, ¿cómo se coopta al movimiento social actualmente?, ¿por qué este movimiento visualiza como "un error" dicho diálogo post movilizaciones? En palabras de María Jesús, "el Consejo nunca fue una instancia representativa de los sectores sociales", por lo que no le extraña que la ley de reforma de la LOCE, la Ley General de Enseñanza (LGE), aprobada en 2008, no haya recogido las demandas estructurales de los estudiantes, es decir, que no haya invertido el protagonismo de

---

[149]   <http://news.bbc.co.uk>.

[150]   *El Ciudadano*, miércoles 28 de mayo, 2008 <www.elciudadano.cl>.

los agentes educativos: del empresariado educativo y el municipio al Estado docente. El Estado continúa dejándole la responsabilidad de la educación primordialmente al empresariado (actuando aquel solo como garante), no aceptando ni la mayoría de la sociedad chilena ni el movimiento estudiantil esta grave involución histórica, que se manifiesta en la expulsión que sufrió María Jesús de su colegio por sus actividades políticas, así como en una frase emblemática del alcalde Zalaquett respecto de ella: "Me arrepiento de haberle dado matrícula en esta comuna",[151] arrojándosela de hecho al Estado para que este le busque matrícula en su calidad de "garante" de la educación de los jóvenes chilenos...(¡!)

Si bien, como todas, las movilizaciones se gatillan por demandas específicas, en este caso han servido también para sacar a la luz el núcleo de la crítica: el actual régimen capitalista de sociedad y de Estado. "Más que una ley, se trata de transformar el sistema y eliminarlo de raíz. Si la educación es un mercado, es porque vivimos en un sistema de mercado".[152] Sistema que, para poder sustentarse y reproducirse, necesita separar, instrumentalizar y controlar la crítica y la lucha desencadenadas en el seno de la sociedad civil; construir un régimen político jerárquico, autoritario y cupular, basado en "diálogos de contención social", en legislaciones que consoliden el sistema y en una cada vez más reforzada acción policíaca y mediática. A ojos de muchos, y especialmente de los más jóvenes, la "república autoritaria" ha sustituido a la dictadura.[153] La crítica de la nueva generación postdictadura apunta ya con claridad al nudo del sistema económico-político actual, demandando su democratización y transformación. No ver esta nueva palabra y gesto generacional es jugar a la gallinita ciega de nuestra infancia.

Con sus ojos bien abiertos y teniendo como referentes históricos, dice, "a las sindicalistas de principios del siglo XX" y, especialmente a su icono, Elena Caffarena, María Jesús y otros jóvenes ya trabajan en esta dirección: "hoy mi función es mucho más política", organizando los "cordones territoriales comunales, pues nuestra visión de organización es el territorio (en que) cada espacio sea capaz de tomar sus propias decisiones. (...) El movimiento de secundarios ha pasado de ser un movimiento muy chico, a tener grandes movilizaciones y a ser un movimiento político, con objetivos y organización política".[154]

En el imaginario y ficción histórica de algunos jóvenes, "la Jeshu" es, desde ya, su candidata presidencial: "la candidata más joven de la historia que ha postulado al escaño mayor del palacio de La Moneda desde que se aprobó la ley de reforma de la

---

[151]   *La Nación*, Santiago, miércoles 6 de junio, 2007 c<en www.lanacion.cl>.

[152]   *El Ciudadano*, op. cit.

[153]   La desmovilización de los estudiantes se realizó finalmente aplicándoles la Ley Penal Juvenil. "Algunos siguen en Fiscalía Militar firmando por más de un año, declara María Jesús Sanhueza a *El Ciudadano*, op. cit.

[154]   *El Ciudadano*, op. cit.

Constitución, en donde se estableció como mínimo 18 años para postular a cualquier cargo público (...) el respaldo a su candidatura es condicionado por su propio partido (...) (el) Partido Nacional Estudiantil (PNE)".[155] La utopía de los estudiantes tiene rostro de mujer procreadora de buena nueva o una María Jesús.

Los jóvenes han mantenido la osadía de la apertura de las alamedas y seguirán en las calles como principal cauce donde corre el río de la historia o del movimiento social. Fatal error es cerrarles la alameda a su paso, porque sería pretender detener el principio motriz, el que, ante las compuertas, se abre paso con su rabia irremediable. Por el contrario, se echan de menos, entre las protestas, los escenarios y las canciones que anuncien los sueños y conjuren la violencia, especialmente la de los represores con sus cuerpos protegidos hasta los dientes con la marca del Estado, contra nuestros jóvenes desnudos de la patria.

No solo a los jóvenes les preocupa y duele el proyecto país. También a los mayores, quienes si bien no salen tan a menudo a la calle, trabajan a su manera para conjurar un sistema que pretende hacernos felices con una sonrisa coca-cola. Ningún juguete ni bebida *light* puede sustituir lo que buscamos: la "fratia", como dice la canción de Caetano Veloso. Tras este derrotero han surgido tantas luchas e iniciativas de mujeres (y junto a ellas, hombres valiosos) siempre dispuestas a participar en espacios donde construir fraternidad, potenciando, incluso, brotes de "comunidad", una palabra y una experiencia que hoy nos parecen más que extraviadas. No obstante, desde los años más aciagos de la dictadura, cuando cualquier atisbo de este nombre se hundía en el pantano de una utopía prohibida, la porfía de las mujeres intentaba tejer algunas de sus hebras, ya como modo de supervivencia y, especialmente, como forma de estar y conjurar un mundo hostil: redes de solidaridad de todo tipo, comedores, talleres, casas de encuentro en poblaciones y comunas... espacios todos donde compartir hambres, luchas, vidas, oficios y saberes.

Todas estas iniciativas merecerían un libro abierto... su aporte ha sido anónimo e incalculable; ellas muestran que, aunque desde las instituciones, los aparatos y los palacios se trate de congelar el movimiento que palpita en la matriz de la sociedad civil, este sigue vivo, como que en él reside el corazón de la historia. Y como me decía una sabia mujer, "siempre donde hay alguna iniciativa que pueda significar un aporte o un aprendizaje, ahí están las mujeres...".[156] Faltarían vida y palabras para poder hablar de tanta sociabilidad de mujeres (junto a sus hombres y amigos), de sur a norte de la matria chilena, produciendo ollas solidarias, tejidos, comidas autóctonas, festivales de la guinda, trueque, redes sociales y de género, talleres de salud, red de asistentes comunitarias, tertulias...

---

[155] María Jesús Sanhueza, en <www.yatiri.blogspot.com>.

[156] Con esta "sabia mujer" me refiero a Liliana Muñoz.

Con la mirada amplia sobre todo este mundo bullente de sociabilidad, de lucha y de vida, me instalaré en uno de estos espacios: las "tertulias peñalolenas", nacidas el 2006 en Peñalolén y que hoy se han diseminado por distintos barrios de la capital, con el fin de reunir a mujeres y hombres para simplemente compartir vidas y saberes y, especialmente, para "con-versar", un verbo bastante olvidado. Con-versar en torno a las búsquedas y preocupaciones personales y de país y, de este modo, resistir el embate del neoliberalismo deshumanizante, desintegrador, individualista y que nos induce a refugiarnos o encerrarnos puertas adentro de la familia, la pareja, la tele, la casa o el *mall*. Reunidos sábado a sábado junto a una taza de té, un vaso de vino y dulce/salado, son innumerables los temas que han congregado a las tertulianas, abriendo ventanas para mirarnos a nosotros mismos, a nuestro país y al mundo, recogiendo y discutiendo en torno a lo que palpita a nuestro alrededor. Nada ha pasado desapercibido a sus ojos y sus palabras...

Uno de los problemas y temas que este año 2008 conmovió a todo el país y que interesa a esta historia fue el fallo del Tribunal Constitucional prohibiendo la distribución de la "píldora del día después" en el sistema público de salud, hecho que sacó a la calle, a lo largo de Chile, a miles de mujeres y hombres de todas las edades, en protesta por lo que se consideró un autoritarismo arcaico y una grave interdicción a las políticas ministeriales del gobierno por parte de un aparato político, instalado por arriba como una torre de control y como resabio de una monarquía señorial enquistada en plena república. En la percepción de la ciudadanía, este fallo significa que estamos expuestos a la arbitrariedad de una verdadera Inquisición en pleno siglo XXI.[157] Asimismo se ha suscitado la sospecha de que podría tratarse de la presencia de una estrategia biopolítica que, revestida de aquel conocido moralismo sexual tradicional, apunta, en la práctica, a vulnerar las políticas públicas anticonceptivas dirigidas a las mujeres populares, con el fin de aumentar la fuerza de trabajo barata en el país.

Los hechos ocurridos motivaron tema de "tertulia":[158] nuestra invitada especial fue Lidia Casas, quien nos expuso generosamente y con amplio conocimiento de causa, los hechos acaecidos en torno al emblemático fallo del Tribunal Constitucional.

"Abogada y profesora de la Universidad Diego Portales desde hace varios años, Lidia trabaja en temas de administración de justicia, justicia de género y derechos

---

[157]   Entrevistas callejeras de la prensa de TVN en medio de las manifestaciones de protesta por el fallo del T.C. en Santiago.

[158]   Como decíamos, las "Tertulias" (inicialmente "tertulias peña-lolenas") reúnen, desde hace tres años, a un grupo y red de amigos y amigas los días sábados en la ciudad de Santiago, donde se exponen distintos temas culturales, de actualidad, así como vivencias personales y colectivas, constituyendo una rica instancia de socialización que nada a contracorriente de una sociedad que despoja crecientemente a las personas de toda experiencia de comunidad. Este año las Tertulias han estado coordinadas por Verónica Silva, Ana María Lira, Fresia Barrientos y Sonia Lazcano, a quienes agradezco su dedicación y la minuciosa escritura de actas, que constituyen un valioso aporte a esta historia.

humanos, participando, además, de la Corporación de Salud y Políticas Sociales y es actualmente voluntaria de la Asociación Chilena de Protección de la Familia (APROFA). (...) Desde sus diversas actividades, Lidia ha estado vinculada especialmente al tema 'Tribunales de Justicia y sus decisiones a propósito de la píldora del día después', una historia judicial que comenzó hace ya siete años.

En el año 2001, Jorge Reyes, un abogado conservador y muy perseverante, que incluso acudió a los tribunales de justicia para prohibir la película *La última tentación de Cristo*, interpone un primer recurso de protección para prohibir la 'píldora del día después', Postinor 2, y cualquier otro método anticonceptivo, en representación de un grupo denominado 'Movimiento Mundial de Madres'. A partir de entonces los momentos procesales se multiplican", tocando los opositores distintas puertas judiciales. Más adelante, agrega el Acta de la Tertulia, Jorge Reyes interpone un nuevo juicio, esta vez ante el Tribunal Constitucional (TC), patrocinado por 36 diputados. Este Tribunal está compuesto por 10 miembros, dos de los cuales –Navarro y Bertelsen– habían realizado previamente un informe que declaraba inconstitucional la venta de la pastilla, hecho que constituye un claro conflicto de intereses, lo que debería haber conducido a que ambos integrantes del TC se inhabilitaran. Ello sucedió solo en el caso de Navarro. En este nuevo reclamo, el abogado Reyes persigue incluir la prohibición de otros métodos anticonceptivos intrauterinos, como es el caso de la 'T de cobre' que se utiliza desde los años 50 en Chile. Emergen nuevos movimientos pro defensa de la libertad de decisión de las mujeres y se logra el apoyo de casi 50 diputados, con representación transversal en términos de partidos, que empujan una apertura de audiencias por parte del TC. Sin embargo, la decisión del TC, por 5 votos contra 4, es la ya conocida y lamentable prohibición de distribuir la píldora en los consultorios, puesto que el requerimiento es solo contra las "normas nacionales" (es decir, organismos públicos). (...) En este aspecto hay que destacar, dice Lidia, que el TC no acogió la demanda de Reyes en todos sus puntos, puesto que desestimó lo relacionado con el resto de los métodos anticonceptivos intrauterinos y hormonales. Tampoco acoge el punto que tiene relación con la prohibición de la 'consejería a adolescentes sin el consentimiento de los padres'. Finalmente, determina que existe una duda razonable en cuanto a que el embrión constituya núcleo de vida. Cabe destacar en este escenario, prosigue el Acta, la excelente argumentación del voto de minoría de Correa Sutil y Francisco Fernández, respecto del carácter no abortivo de la píldora. Mientras en el voto de mayoría, la mujer como "sujeto" casi no aparece. También es digna de subrayarse la simultaneidad del debate en otros países de la región: Argentina, Colombia, México, Perú, Ecuador y Chile. *Solo Ecuador y Chile, lo cual no deja de ser extraño, han llegado a resultados negativos similares.* Un punto a destacar y reflexionar, prosigue el Acta, es que la rearticulación de los movimientos femeninos vino solo hacia el final del proceso y sin la suficiente fuerza para luchar en contra de las decisiones judiciales sobre las decisiones reproductivas de las mujeres. Por otro lado, en el sector público no se pensó que el TC votaría en contra de la distribución de la píldora del día después.

Un tema central que surgió durante el *debate* es el poder que posee el TC en un contexto democrático. Nuestra expositora aclaraba además que, si bien el TC se crea en 1970 como reacción inmediatamente posterior a la elección de Allende, con el fin de contar la oposición con un organismo superior con capacidad legal para declarar eventuales hechos que vulneraran la Constitución, su poder fue fortalecido durante las reformas constitucionales del 2005 (gobierno de Ricardo Lagos). Este primer capítulo sobre el tema de la anticoncepción y su legalidad nos llama a reflexionar sobre el tipo de democracia que estamos viviendo, sobre la real capacidad de cambios que poseen las mayorías y sobre ciertos poderes subterráneos y fácticos que tienen la autoridad para imponer sus propias visiones éticas y religiosas a la sociedad y, en este caso específico, a las mujeres, las primeras afectadas con las decisiones legales. A la vista de los hechos, también nos percatamos que utilizando esta coyuntura, se intenta revertir logros y políticas de anticoncepción aprobadas y usadas por millones de mujeres desde hace más de 40 años en Chile.[159]

Las tertulianas tuvimos también la ocasión de conocer a una de las científicas chilenas responsables de la investigación de la "píldora del día después", doctora Soledad Díaz. El Acta de la tertulia anota que Soledad Díaz, "además de haber formado parte del Centro Nacional de la Familia (CENFA), es fundadora –junto al Dr. Horacio Croxatto– del Instituto Chileno de Medicina Reproductiva (ICMER), lugar donde continúan una tarea inicialmente realizada al alero de la Universidad Católica. Desde 1967, ellos habían trabajado en fisiología reproductiva y anticoncepción en la Facultad de Ciencias de esa universidad, pero debieron salir de allí producto del cambio de autoridades a fines de 1973. Sin embargo, debían continuar la labor que venían haciendo con cerca de 2.000 mujeres, y de allí deriva la creación del Instituto ICMER, un centro académico independiente con importantísimos frutos en modelos de atención postparto, salud sexual y reproductiva y métodos de planificación familiar, entre otros". Con el objetivo de "atender casos de violación, prevenir abortos y embarazos adolescentes, en 1997 empiezan con el proyecto de investigación sobre el anticonceptivo de emergencia y en ese momento exploran amplia y científicamente la percepción de muchos actores relacionados: adolescentes, proveedores, profesionales y gremios de la salud, profesores, autoridades. Encuentran que predomina claramente una aceptación respecto del método. Incluso la iglesia católica no se opuso en bloque, más bien lo hizo su cúpula.

---

[159] *Acta de la Tertulia* realizada el día 31 de mayo de 2008 en casa de Paz, quien, "en un entorno calentito" y con sopaipillas caseras, "acogió a Gladys, Ester, Carmen Gloria, Valentina, Norma, Vero, Ana María, Sonia, Paulina, Mina, Hilda, Angélica, Iris, Eva, María de la Luz y Fresia. (...) Esta vez no asistieron hombres". Presencia de Lidia y redacción del Acta que, especialmente por medio de la excelente y acuciosa pluma de Verónica Silva, revisada por las coordinadoras Ana María Lira, Fresia Barrientos y Sonia Lazcano, agradezco mucho para esta historia.

De hecho, en el Vaticano hubo acuerdo de usarlo con monjas que iban al Congo en los '60. Sin embargo, en los '90 la iglesia católica reclamó ante Naciones Unidas por el uso de anticonceptivos de emergencia en programas de refugiados ante casos de violación en Kosovo a mujeres de religión musulmana, la que no tiene conflictos en este tema. Cabe hacer notar que a mediados de los '60 –con el Cardenal Silva Henríquez– no se presentaron problemas ante un programa de planificación familiar en la UC. Producto de la investigación, el equipo formado por los doctores Croxatto y Díaz eligen recomendar el Levonorgestrel (LNG) como anticonceptivo de emergencia (ACE), en función de su efectividad, tolerancia y menor riesgo colateral. (...) El concepto de ACE proviene de fines de los '60 (primera experiencia de altas dosis de estrógenos y progesterona entregadas a una niña violada por una pandilla en Holanda). El principal obstáculo es el supuesto de que por tratarse de un método postcoital puede ser abortivo. Básicamente, lo que hace el Levonorgestrel es inhibir el ascenso de los espermatozoides", no afectando la implantación de embriones y por lo tanto no es abortivo. Las investigaciones se han realizado con monas, animal que tiene el sistema reproductivo más similar al de la mujer, obteniendo excelentes resultados. No obstante, quienes se oponen argumentan que se trata de mediciones indirectas, mientras el problema de la prueba radica en la dificultad de conocer el momento exacto de la ovulación y la imposibilidad de realizar investigaciones en seres humanos.

Respecto del fallo del T.C., este, como decíamos en párrafos anteriores, solo apunta a la prohibición de dicha píldora en los centros de salud públicos, dejando en libertad una serie de vías de adquisición que no son fácilmente accesibles a las jóvenes de escasos recursos.

En síntesis –prosigue el Acta tertuliana–, el principal problema es la *inequidad*, la limitación de acceso a la píldora en los servicios públicos, con lo que se afecta especialmente a los dos quintiles más pobres de la sociedad, los más necesitados y quienes además tienen menos acceso a la información, hecho vital en las decisiones y conductas en salud sexual y reproductiva (...). El principal problema se encuentra en *adolescentes* y en una oferta de salud pública que no se ha adaptado al ritmo de apertura a la sexualidad en edades más tempranas. Soledad aporta algunos datos al respecto: "de 38 mil partos anuales de este grupo, 80% proviene del 40% más pobre de la población. Desde 1990 hay en Chile 700 mil madres adolescentes, es decir, casi 1,5 millones de personas involucradas".[160]

En Chile, los gobiernos de la Concertación heredaron de la dictadura la "penalización del aborto", lo cual ha configurado, a nuestro juicio, una involución histórica en

---

[160] Extracto del *Acta de la Tertulia* efectuada el día 28 de junio de 2008, realizada "en nuestra casa fundacional, es decir, donde Angélica. Nos sumamos: Ana María, Norma, Fresia, Gladys, Sonia, Elvira, Marcela, Irma, Mina, Paz, Inés, Paulina, Andrés y Vero". Agradezco la presencia esa tarde de la doctora Soledad Díaz y a las coordinadoras Verónica Silva, Ana María Lira, Fresia Barrientos y Sonia Lazcano por la organización del evento y la toma del Acta, precioso documento para esta historia.

materia del derecho a una "maternidad deseada" (hecho decisivo para el hijo y para una sociedad sana). La despenalización del aborto ha sido una bandera persistente del movimiento feminista actual, en vista del resguardo de la libertad de procreación de las mujeres y, por lo tanto, del control sobre su propio cuerpo: uno de los temas más difíciles de aceptar por el conservadurismo chileno. Al respecto, nada se ha avanzado. Sin embargo, los gobiernos actuales, desde sus distintas reparticiones ministeriales, han dado una dura pelea en contra de la oposición a la protección de la sexualidad de las jóvenes, a través de campañas de uso de condón (prevención del SIDA) y del abierto acceso a la "píldora del día después" en pro de la emancipación de las mujeres de una procreación obligada después de aquella "prueba de amor". Esta ya no es ni siquiera "prueba", sino abiertamente "deseo", cuyo riesgo ya no puede recaer, como antaño, en ese espantoso autoritarismo de los padres que se expresaba en una permanente vigilancia y castigo de las hijas —como lo pudimos ver en el caso de la historia de Magdalena—, sino en una responsabilidad compartida entre los y las jóvenes y la sociedad en su conjunto, la que les debe brindar educación sexual seria y desprejuiciada y, en caso de riesgo de una maternidad no deseada, la protección en salud adecuada, cuya mejor alternativa ofrecida actualmente por la ciencia es, sin duda, la "píldora del día después". La voluntad política de los ministerios de salud de los gobiernos de Lagos y Bachelet y especialmente de la actual ministra de Salud, Marisol Barría, de poner a libre disposición de las jóvenes populares en los consultorios la "píldora del día después", con el fin de disminuir el embarazo adolescente, desató aquella fuerte oposición de los grupos conservadores de Chile, expresión de una de las más duras batallas por el "control social"[161] que se han llevado a cabo en los últimos tiempos en el país. Entre tanto, la matria está preñada de adolescentes niñas que hacen madres a las abuelas y que seguramente pasarán a engrosar ese 70% de familias desprotegidas o que crían solas hoy día a sus hijos.[162]

El "control social", que vamos a entender más bien como "disciplinamiento social", es definido como el conjunto de prácticas, actitudes y valores destinados a mantener el orden establecido en las sociedades. Disciplinamiento que, más que a menudo, se realiza por medios coactivos o violentos, pero que también incluye formas no específicamente coactivas, como el influjo social a través de los prejuicios, los valores y las creencias. Cualquier régimen de sociedad u organización de un modo de producción determinado supone un cierto "disciplinamiento social" en dicho orden; disciplinamiento que gana o pierde legitimidad según esté o no fundado sobre un cierto "pacto social" consentido,

---

[161]   Expresión usada por la Dra. Soledad Díaz como interpretación de las motivaciones que inspiran a la sociedad conservadora chilena en torno a este tema.

[162]   La destacada socióloga Irma Arriagada afirma, como fruto de sus investigaciones sobre la familia en Chile, que solo el 30% de las actuales familias están conformadas al modo tradicional de una pareja heterosexual. Tertulia del 28.9.2008.

pero que, sin embargo, nunca debe gozarse de su pleno triunfo, ya que está siempre sujeto al juego de fuerza de los poderes vivos en la sociedad.[163]

Vivimos un especial momento de este "disciplinamiento social": el momento de revelación de sus más agudas contradicciones. Y cada vez que en nuestra historia estas contradicciones se han manifestado en su desnudez, emerge la lucha del pueblo que en Chile guarda viva la memoria de la resistencia: el pueblo mapuche. Pero no solo se trata de la memoria de la resistencia, sino la memoria de una concepción de mundo mapu-americana definitivamente amenazada por esta fase del capitalismo. Figuras centrales de la resistencia contra la pérdida en esta etapa de su historia han sido las mujeres mapuche.

El caso quizás más emblemático y significativo es el de las hermanas Berta y Nicolasa Quintramán, resistiendo en la tierra pehuenche de sus antepasados, en el alto Bío Bío, a la central hidroeléctrica española ENDESA, que instaló en esas tierras su negocio y su inundación bajo el argumento de un servicio energético para todos los chilenos. Protegidas por la Ley Indígena de 1993 (N° 19.253), en la que el Estado chileno reconoce y valora a los pueblos indígenas del país y establece el estatuto de "tierra indígena" a la tierra que habitan y que puedan llegar a habitar en calidad de "comunidad indígena", con prohibición de su arriendo o enajenación, las Quintramán, junto a los pehuenche del Alto Bío Bío, son presionados a permutar sus tierras ancestrales para permitir su sepultación bajo el agua. Mientras la oferta por el pago de sus tierras subía, ellas mantenían su resistencia, liderando a un grupo de siete familias que se negaban a vender para inundar. Acusada de "desorden en la vía pública", Berta, a sus 80 años, cayó detenida, junto a otras dos mujeres mapuche, el 23 de febrero de 2000, cuando fue con un grupo de pehuenche y ecologistas hasta el puerto de Talcahuano a detener, en una acción casi desesperada, la caravana de camiones que, protegidos por fuerzas policiales, portaban los transformadores para la hidroeléctrica Ralco.[164] Luego de interminables años de resistencia, fueron doblegadas por una contundente suma; sin embargo, el dinero no ha podido compensar su pérdida, declarando que "la plata no vale nada" y pidiendo lo imposible: la devolución del dinero a la hidroeléctrica y la recuperación de sus tierras.[165] Pero estas ya están en lo profundo.

Su derrota y su arrepentimiento no empañan el significado de su lucha: el amor por la tierra de sus raíces y su negativa a ponerla simplemente al servicio de la producción de recursos destinados a la sociedad moderna. El movimiento indígena y de sus mujeres continúa, ya contra las hidroeléctricas, ya contra las forestales, que no solo están devorando-concentrando la propiedad de la tierra en el sur más fértil de Chile, sino

---

[163] Sobre el concepto de "disciplinamiento", ver distintas obras de Michel Foucault.

[164] <www.sofofa.cl>.

[165] Youtube. Hermanas Quintramán.

devastando su capacidad productiva y otorgadora de vida. La forestal, con su actividad productiva, siembra la muerte; ese es el núcleo de su contradicción; en este sentido, la lucha que ha hecho el pueblo mapuche contra ellas no reviste, en este sentido, un carácter particular, sino nacional y vital.

Un caso también emblemático en esta lucha contra los latifundistas y empresarios del agro ha sido, casi hasta las últimas consecuencias, el de la *lonko* de la Comunidad Juan Paillalef, ubicada en la Comuna de Cunco, IX Región de la Araucanía, Juana Calfunao Paillalef, de 51 años, y su hermana Luisa, de 41, privadas de libertad en la cárcel de Temuco desde el 15 de noviembre de 2006. Impactó a la conciencia pública la huelga de hambre indefinida y largamente sostenida por ellas desde agosto del 2007, opción "tomada en vista de la nula voluntad política del Estado de Chile por reconocer los derechos y territorios de su pueblo".[166] A fines de septiembre de 2007 la salud de ambas estaba gravemente comprometida. ¿Quién es Juana Calfunao y cuál es el motivo de su detención y el significado de su lucha?

> –Por las diversas gestiones que realizo soy perseguida por la policía y detenida innumerables veces. Como mujer mapuche mantengo mi vestimenta, por lo que soy discriminada, soy tratada por la policía como payaso y tratada de "india".

> –En la Segunda Comisaría de Temuco, me desnudaron, me insultaron y me arrastraron de mis trenzas, en presencia de mi hijo, mi esposo y otros detenidos (...). El día Lunes 15 fuimos pasados a la Fiscalía bajo los cargos de "maltrato de obra a carabineros".

> –Yo, Juana Calfunao Paillalef, como autoridad ancestral, no quiero morirme sin antes ver recuperadas las tierras de mi comunidad.

> –Desde el incendio a la fecha, hemos tenido seis ataques a nuestro domicilio de gente que se esconde amparada en la oscuridad de la noche.[167]

Con un llamado angustioso de *Únete a mi lucha*, la *lonko* Paillalef y su familia han debido soportar, desde principios del siglo XX, todo tipo de violaciones y, en los últimos años, tres incendios a su casa y la reiterada represión de carabineros que le hizo perder a Juana un hijo en su vientre, como en los mejores tiempos de la maloca colonial. Su "pecado": el reclamo judicial de tierras de su comunidad. El año 1913 se le entregaron a su comunidad Títulos de Merced en donde se les reconocieron 120 hectáreas de tierras bajo la jefatura del *lonko* Juan Paillalef. A pesar de la existencia de estos títulos, los Paillalef fueron objeto de una progresiva e ilícita usurpación de tierras a través de corridas de cerco y construcción de caminos por parte de particulares y latifundistas de la región. Simultáneamente, comenzaron a sufrir todo tipo de violaciones inhumanas.

---

[166]   "Instan al Gobierno cumplir con las demandas de la autoridad Mapuche Lonko Calfunao" <www.mapuche.info>.

[167]   Testimonio de Juana Calfunao Paillalef <www.mapuche-nation.org>.

Misteriosamente, desapareció la esposa de José Luis Paillalef, hijo de Juan Paillalef, luego de ser violada, mientras el destino de su marido fue el fallecimiento en la cárcel de Valdivia, producto del maltrato sufrido durante la detención.

En 1950 la madre de Juana Calfunao asumió su papel como *lonko* de la comunidad; fue detenida en 1973, durante el golpe militar, y recluida en la cárcel de Temuco durante dos años, donde fue víctima de torturas. Sus hijos quedaron desamparados y también fueron perseguidos políticamente. "Luego de 10 años, Juana asumió su papel de *lonko* de la comunidad. Con la Ley Indígena como fundamento, en 1998 se inició el proceso por usurpación de tierras no solo contra latifundistas antiguos, sino también ahora contra la empresa eléctrica Frontel, que ha ocupado sectores que le pertenecen a la comunidad, instalando sin consentimiento un tendido eléctrico de alta tensión. Sin obtención de respuesta, el 12 de mayo del 2000 fue detenida, junto con su esposo y su hijo de 18 años, por carabineros de la Segunda Comisaría de Temuco. Fueron brutalmente golpeados, hasta que le fue provocado a Juana un aborto de su embarazo de dos meses y medio. El 6 de marzo del 2001, durante una manifestación mapuche en Temuco, vio cómo su hijo era víctima de una golpiza de la policía; intervino y fue también golpeada por un policía que la dejó sin conocimiento luego de pegarle con su radio y quebrarle una pieza dental. A sus hijos, en esa ocasión, los dejaron sin conocimiento luego de ahogarlos con *spray*. Pero la cárcel no fue la única ofensa que recibió. Tan violenta es la violación de sus derechos que ha sido víctima de tres incendios. En uno de ellos, en junio del 2004, se encontraron los restos del tío de Juana, don Pascual Namuncura Canulao, en una cabaña calcinada. El último, en julio del 2005, destruyó su casa de madera y barro y casi mata a su pequeña hija de 7 años. Juana también hizo pública la matanza de sus mascotas y las amenazas de muerte contra ella y su familia". Acciones que no fueron investigadas por la policía, permaneciendo sus demandas archivadas.

El miércoles 21 de diciembre del 2005, la comunidad tomó la decisión de cortar el camino que la atraviesa, por contravenir el artículo 13 de la Ley Indígena N° 19.253 de 1993, que señala: "Las tierras cuyos titulares sean comunidades indígenas no podrán ser arrendadas, dadas en comodato, ni cedidas a terceros en uso, goce o administración". Ante esta "osadía", el 23 de diciembre "la comunidad fue duramente reprimida por fuerzas policiales de carabineros, quienes con un allanamiento ilegal detuvieron a Juana, a su esposo y dos hijos y a su hermana Luisa Calfunao; ambas fueron puestas a disposición del tribunal de garantía, en el cual la magistrada Luz Madariaga determinó que se trataba de una detención ilegal y ordenó una investigación por malos tratos, visibles en 16 hematomas que Juana poseía en su cuerpo. Allí mismo, las dos mujeres renunciaron a la nacionalidad chilena por todos los atropellos que sufrieron por parte del Estado".[168]

---

[168] <www.onlinecarolonline.blogspot.com>.

Ante estos hechos de grave violación a los derechos humanos en postdictadura, no cabe sino preguntarse acerca de la "calidad de la democracia" que actualmente construimos o reconocer honradamente nuestro carácter de mero régimen "republicano": de la unidad del Estado y los "señores" latifundistas y empresarios y de la criminalización hasta la desesperada negación apátrida del pueblo.

En el curso de esta lucha ha ido emergiendo el protagonismo de las mujeres mapuche, levantando su frente, sus puños y su palabra no solo ante el país, sino también ante los hombres de su raza, en demanda de igualdad y reconocimiento. ¿Una suerte de feminismo mapuche? Quizás. Pero es claro que se vislumbra una presencia de mujeres mapuche en tanto tales, lo cual sin duda constituye un fenómeno significativo desde el punto de vista de la presencia de una doble reivindicación étnica: como pueblo mapuche y como mujeres mapuche propiamente tales. De hecho, mujeres mapuche ya escriben y hablan desde su condición de tales, articulándose incluso en movimiento.

En palabras de América Millaray Painemal:

La aparición en los últimos años de organizaciones femeninas propiamente mapuche responden primero a una falta de espacios al interior de organizaciones mixtas, donde son los hombres dirigentes [los] que tienen la voz en la toma de decisiones. Por otro lado surge la necesidad de abordar temas específicos, como la discriminación y situaciones de maltrato que sufren las mujeres al interior de las propias comunidades, y las situaciones de violencia que ocurren en los allanamientos a comunidades que se encuentran en conflicto con las empresas forestales. Consideramos que es a partir de la participación en este tipo de organizaciones donde las mujeres pueden desarrollar habilidades como líder social, fortaleciendo la identidad étnica y los derechos de las mujeres mapuche y de esta manera realizar un aporte a la construcción de una idea como nación mapuche En la medida que las mujeres mapuche tengamos mayor participación en la vida social y política de nuestros pueblos podremos hacer valer nuestros derechos como mujeres y podremos realizar un ejercicio democrático como pueblo mapuche.

América Millaray pone al servicio de la causa de las mujeres mapuche la memoria o su historia como movimiento de género.

La participación de las mujeres mapuche en términos públicos ha estado presente desde el surgimiento de las primeras organizaciones mapuche en el mundo urbano de principios del siglo XX. Es así como en el año 1937 nace la primera organización de mujeres mapuche llamada sociedad femenina *Yafluayin*. Esta iniciativa fue apoyada por hombres líderes mapuche y en el contexto de 'un período de auge del movimiento emancipatorio y político de las mujeres chilenas'. Uno de los objetivos que se plantea esta primera organización de mujeres mapuche será 'echar las bases para la formación de una entidad cultural y unir a todas las araucanas con fines puramente culturales'. A pesar de su corta duración, esta primera organización de mujeres mapuche cimentó el camino para las organizaciones propiamente femeninas existentes en la actualidad. Es a partir de espacios propios de participación donde las mujeres han aportado al fortalecimiento de la cultura mapuche y a los derechos como pueblo frente al Estado chileno. Es solo a fines de la década de los años 80, período de dictadura militar, donde comenzarán a surgir nuevamente organizaciones de mujeres mapuche en las comunidades apoyadas en un principio por organizaciones feministas no gubernamentales de la capital de Chile. Estas primeras organizaciones centrarán su quehacer en la recuperación de la medicina tradicional y el trabajo de la textilería mapuche. Luego de la caída del régimen militar y en un contexto de retorno a la democracia, donde las organizaciones indígenas participan en la elaboración de la actual Ley Indígena, la que se promulga el año 1993, creando para este efecto la CONADI, organismo encargado de velar por la política indígena. Sin embargo –comenta América Millaray–, esta ley no logró cumplir las expectativas del movimiento mapuche, como así mismo adolece de disposiciones especiales de protección de los derechos de la Mujer Indígena y solo señala en uno de sus párrafos "Incentivar la participación y el desarrollo integral de la mujer Indígena, en coordinación con el SERNAM".[169]

A dos años de la promulgación de la Ley Indígena y en el doble contexto de los preparativos para la "IV Conferencia Mundial de la Mujer en Beijing y de la instalación de la Corporación Nacional de Desarrollo Indígena, CONADI, se realizó en Temuco en 2005 el Primer Encuentro Nacional de Mujeres Indígenas, promovido por la Coordinadora de Mujeres de Organizaciones e Instituciones Mapuche, al que asistieron mujeres indígenas de todo el país pertenecientes a los pueblos aimará, rapanui, kawéskar, yagán y mapuche. Dicho Encuentro concluyó demandar a la CONADI un tratamiento "serio" de la problemática de la mujer indígena en Chile, evitando los programas asistencialistas, constatándose la necesidad de contar con una instancia de coordinación de trabajo conjunto. A pesar de que muchas de estas dirigentas fueron cooptadas por las instituciones estatales, se constata que "las organizaciones de mujeres *mapuche* se encuentran en un proceso de fortalecimiento organizacional. Es aquí donde emerge una nueva generación de mujeres jóvenes que asumen roles de liderazgo en organizaciones funcionales, como en la organización tradicional, asumiendo el rol de *lonko*, cargo históricamente ocupado por hombres".[170]

---

[169]   América Millaray Painemal, "El velo de la mujer mapuche", Boletín IFP, Mundo Indígena-Lenguas Originarias, julio, 2005.

[170]   Ibid. Acerca del concepto de *lonko*, "el pueblo mapuche generó condiciones propias caracterizadas por la efectiva vigencia de amplios canales de participación sobre los que estructuró una sólida organización social. Una de las primeras organizaciones sociales fue el *lof* y de él emergía un líder natural denominado *lonko*. El *lonko* era elegido según las creencias sagradas que entrega el *ad mapu*. Los *lof* no eran entes aislados, sino que lograban unirse por los linajes patrilineales hasta un total de nueve *lof*. La unión de estos grupos sociales conformaba *kiñe rewe mapu*. Entre los nueve *lonkos* de cada *lof* se elegía uno, el más capaz, que era considerado *ulmen*. Al unirse nueve *kiñe rewe mapu* formaban un *aylla rewe*, que era dirigido por un *lonko* que recibía el nombre de *ulmen futra lonko*. La alianza de cuatro o más *aylla rewe* constituían un *butal mapu*, la mayor organización sociopolítica,

Asistimos este año a un bello ritual de rogativa, un *Llillipun*, como inauguración del año académico del Instituto de Ciencias Sociales en la Universidad Austral de Chile, presidido por una *lonko* y acompañada por los parientes de alumnos y alumnas de nuestro Instituto. Hermosa con su atuendo de plata y cintas de colores, la *longko* oró largamente, ante un árbol regado con la rama de sus manos, por el buen desarrollo de nuestro año. Luego de participar en las peticiones a la madre tierra, bailamos tomados de las manos alrededor del árbol ceremonial, culminando el ritual con una exquisita comida mapuche preparada por los alumnos y alumnas. Estábamos presenciando y participando no solo de la intencionada recuperación de un rito ancestral, sino de una radical reelaboración del mismo desde la perspectiva del género: la mujer-*longko*, su voz, su ruego, su sabiduría y femineidad, impregnaban el rito de algo nuevo, perceptible, aunque difícil de saber. No obstante, ello, sin duda, es expresión de un cambio; quizás de una suerte de revuelta feminista al interior del actual movimiento mapuche. Nos lo dice Llanca Marín:

La Matria mapuche

La invisibilidad, negación y exclusión del Estado chileno hacia las mujeres mapuche, que no cuentan con programas que involucren la situación ni nuestro modo de vida, también se traslada a gran parte del mismo Movimiento Mapuche. Influenciado por la ideología patriarcal, occidental y cristiana, ahora vemos cómo organizaciones mapuche se estructuran jerárquicamente, reproduciendo pequeños estados patriarcales, con autoridades superiores y comandadas principalmente por hombres, haciéndole el juego al Estado nacional.

Se vocifera mucho sobre la organización tradicional. En lo mapuche nadie está sobre otro; distinto a la organización occidental, que representa la forma jerárquica, que dicta los cursos de la acción de arriba hacia abajo en la mayoría de las relaciones interpersonales, incluyendo la llamada vida privada. La sociedad mapuche siempre ha sido dual en los roles hombre - mujer y la organización nunca fue jerarquizada. Esto es verdad, pero hoy mucho discurso y muy poca práctica.

Es necesario cambiar esto y entender que el rol de la mujer ha sido fundamental y protagónico en la lucha por los derechos del pueblo mapuche. No se puede negar e invisibilizar esto al interior del movimiento. Lo primero que debe erradicarse es la inequidad interna a través de la modificación de aquellos usos y costumbres (quizás

---

que era dirigida por un *ñidol lonko*, que era escogido dentro de los otros *lonkos* de los *aylla rewe* que formaban el *butal mapu*. Los conceptos de territorio y estructura organizacional mapuche han debido modificarse a medida que la intervención ha ido truncando el desarrollo natural y social de nuestro pueblo. Sin embargo, aún perdura en la memoria de las autoridades culturales de la sociedad mapuche". Pablo Manquenahuel M. <www.galeon.com>.

adquiridos) que perjudican a las mujeres, entenderse que la mujer mapuche ha estado a la par con los hombres, gestando el movimiento, luchando por la consecución de los derechos como integrantes de la sociedad y sobre todo como mujeres.

No es difícil darse cuenta de la invisibilidad. Varias organizaciones y reconocidos dirigentes la promueven. Nombre de producciones musicales denominadas "*Newen peñi*" (*newen*: fuerza, *peñi*: hermano hombre). Consignas articuladas desde lo interno... A la lucha *pu peñi, Marichiwew peñi*. Nombres de organizaciones con identificación exclusivamente masculina o el trasplante de conceptos políticos-machistas: *Mapuche* traducido como hombre/varón de la tierra), *Wallmapu* traducida como patria. La reivindicación por los derechos, la justicia, la equidad y el respeto que se exige empieza por casa. Se habla de reconstruir la "patria" Mapuche y ¿quién dice que debe ser patria que significa lo que es del pater/padre? El seno de nuestra existencia es la *Mapu Ñuke*, la madre tierra, nuestra MATRIA y nuestro espacio físico es el *wallmapu*.

Una importante líder indígena en Bolivia (Leonidas Zurita) señalaba: "Si los varones están derramando sangre, y si las mujeres, al dar a luz, también derramamos sangre con dolores muy fuertes, ¿por qué no podemos organizarnos y pelear juntos, hombres y mujeres? Esa idea ha sido muy grande. Pues la mujer mapuche hace mucho tiempo viene peleando en igualdad de condiciones en los diversos frentes, en las comunicaciones, en la política, en las calles, en los campos y muchas veces con mucho más peso a cuesta: Ser mujer, ser mapuche y ser familia.[171]

La lucha del pueblo mapuche estos años de república ha sido, como hemos visto, ardua y persistente. En esta lucha, las mujeres mapuche se han hecho claramente visibles, manifestando no solo su fuerza de voluntad, su convicción y compromiso, sino asumiendo nuevos roles y cargos –mujer/*longko*- y un fuerte liderazgo dentro del movimiento actual, lo que está hablando de un importante proceso de transformación, así como de reivindicación de las mujeres mapuche, tocando el mismo nervio del orden de su propio mundo y de su movimiento.

Entre el dolor y el desgarro y entre las manos de tantas mujeres... mujeres de palacio y de la *mapu*-tierra, entre las convulsiones, nos está naciendo, quizás, una *Matria*: un espacio matriz de cría y pataleo rebelde de vida nueva, un lugar de abono de la tierra cansada para la siembra futura de antiguos renovales. Quizás estamos encendiendo la *Matria*: la fogata donde los cuerpos buscan el calor en el círculo de su fuego en la noche. Quizás estamos restaurando con el barro y el agua una greda de *Matria*: cántaro desenterrándose de nuestra *Mapu*-América, con sus raíces afirmándose tierra adentro en el humus caliente del tiempo histórico germinando el brote.

> *Dijo el Señor a María:*
> *son para todos las flores,*

---

[171]   Llanca Marín, "La matria mapuche", Azkintuwe Noticias, 08 de marzo de 2005.

los montes, los arreboles.
¿Por qué el pudiente se olvida?
Si el sol pudieran guardarlo,
lo hicieran de buena gana;
de noche, tarde y mañana
quisieran acapararlo (...)
Si entonces no lo supimos,
seguro lo sospechamos,
porque nos faltan las manos
pa' los botones más finos.

Violeta Parra

Un final sin final. Una crónica que, como toda crónica, queda abierta en sus extremos para ser iniciada y terminada donde cada cual quiera seguir escribiendo su/nuestra vida de mujeres. Una crónica de piel porosa, cuya escritura se abre a todas las ausencias, silencios y carencias para ser tocada por la reivindicación de las hablas y las vidas deseadas y omitidas.

Una historia pequeña, de "bajo perfil", como buscamos aparecer las mujeres, para poder estar libres de afirmaciones "verdaderas", de hipótesis absolutas, de inteligencia preclara. Esta es una historia como nos gusta a nosotras ser-estar en el mundo, combinando lo colectivo y lo cotidiano, la mente y el cuerpo, el canto y la costura, la reflexión y la conversa, el país y la casa.

Una crónica violeta que narra las andanzas, las luchas, las vicisitudes, los tremendos esfuerzos, dolores y trabajos de muchas mujeres del siglo XX; narración que se interrumpe para pasar a mejor vida: para ojalá fundar la *matria* que se esboza y queda pendiendo de aquellos tremendos esfuerzos, luchas y trabajos que tanto conocemos.

Es este un pequeño cuento que se atreve a subtitular (rimbombantemente) estos esfuerzos de mujeres como *una revolución permanente*. ¿Qué hemos pretendido decir con esto?: ¿que hemos hecho una revolución en forma, a disparo de escoba de bruja? ¿Que hemos construido un movimiento sólido, persistente, lúcido, vanguardia del movimiento social? ¿Que nos gloriamos en torno a figuras heroicas que nunca han vacilado y arriado su bandera gritando "aún tenemos *matria* ciudadanas"? ¿Que formamos un cuerpo sólido y granítico, sin envidias ni traiciones, y en vista de un objetivo estratégico común?... Frío, frío. Esta no es una revolución que dé para narrar un mito.

Ha sido y sigue siendo una "revolución permanente": permanente al modo de una "permanente", como la que nuestras madres aún suelen hacerse en la peluquería. Se trata de ir fijando, una y otra vez, una suerte de "porfía de renovación y belleza" que, sin poder asegurar su pervivencia ni pretender hacerlo, hace de la "cultura del esfuerzo" —como decía Gladys— una forma de estar en el mundo. Esta "cultura del esfuerzo" tuvo para las mujeres, en el siglo XX, un ingrediente y oportunidad decisivos:

la crítica mancomunada de la explotación, de la negación, de la marginación, del olvido. Crítica que se instaló en el centro de la mesa de la discusión de los proyectos de sociedad en el siglo XX y a la cual las mujeres se engancharon, ya por cuenta propia, ya en forma colectiva. Al subirse las mujeres a este carro, ya nadie, ni las dictaduras, pudieron bajarlas... porfiadamente han seguido levantándose cada amanecer, con la mira puesta en la realización de su vocación y proyecto. Proyecto que es personal (su propia "permanente"), pero que está preñado de lo colectivo: el compromiso radical por la vida, su cuidado, salud, protección y mejoramiento de la sociedad y de la tierra. Ella, desde milenarios tiempos, sabe que si bien la semilla ha de germinar en maceta pequeña, como su propio útero, el desarrollo completo y contento del fruto necesita la tierra entera (su forma de hacer "revolución").

Si bien esta *revolución permanente* fue "bien aprovechada" por las mujeres en el siglo XX en el curso y como parte de un proceso de revolución ampliada (desde un punto de vista social y mundial), su revolución tiene la particularidad de que comenzó a tocar y aún continúa tocando el nervio más sensible e íntimo o la propia estructura nuclear del ordenamiento milenario de la sociedad. Por eso esta revolución de las mujeres no depende de un proyecto político específico ni se basta en él; aunque sin duda necesariamente le afecta. Pero ya no le detiene. Si los proyectos políticos y sociales emancipadores y democráticos han sufrido derrotas muy importantes al finalizar el siglo XX y en la actualidad, la semilla de las mujeres siguió fructificando en medio de la tierra arrasada. Pues si en el orden de la naturaleza hombres y mujeres gritan de igual modo su vida al nacer, las mujeres aprendieron a seguir gritando igualmente que los hombres su vida al crecer. Y este aprendizaje ya está incrustado en sus carne y en sus cantos. Sus cuerpos y sus frentes se han erguido, luciendo al desnudo sus figuras diferentes y, en el propio tono y melodía de su canto, ellas han aprendido a volar: entran y salen de sus nidos respirando cielo.

El proceso de este canto y vuelo emancipador ha sido históricamente muy difícil y continúa siéndolo. Especialmente ahora, cuando ya alcanzadas algunas de las reivindicaciones más importantes relacionadas con las políticas de género en el orden del sistema social jurídico, la revolución de las mujeres se ha metido dentro de la propia cama de las relaciones entre los sexos. Las mujeres ya no están aceptando la violencia corporal ni la violencia moral por parte de los hombres, así como tampoco por parte de aquellas mujeres que entran en el propio juego de competencia de y por los machos muy machos. Sin duda no es casualidad que solo un 30% de las parejas en Chile hoy se formalicen y que las madres solteras anden ahora felices luciendo sus hijos dentro y fuera de sus vientres, los que ya nunca más serán llamados "huachos". La revolución emancipadora de las mujeres, al estar ya tocando el nervio vivo de las relaciones sexuales, está provocando una transformación acelerada del propio núcleo del orden social: la familia. La sociedad actual y futura ha de prepararse para esta "revolución matria-rcal".

La tarea más inmediata y urgente que, al finalizar esta historia, se presenta, a nuestro juicio, a la vista, es trabajar la educación y orientación de los hombres. Estos, como bien dice Valentina, "han perdido su lugar" y están desorientados, mientras en muchas escuelas y colegios les inculcan hoy la escalofriante dicotomía global neoliberal y *yanqui* de "ganador-perdedor". El campo milenario donde "ganaban" era el "cuerpo/ alma de las mujeres": este, aunque sea violentado hasta la muerte, ya no les pertenece.

Ya está corrido el telón,
La fiesta sigue su curso.
Mi largo y triste discurso
Es arte de la función.
Les doy la continuación
Porqu´eso es lo prometido,
Despéjense los sentidos
Para seguir adelante.

Violeta Parra

Valdivia, febrero, 2009

ÍNDICE

www.ingramcontent.com/pod-product-compliance
Lightning Source LLC
Chambersburg PA
CBHW080938120726
48003CB00011B/3199